教育部人文社科基金项目成果（项目编号：18YJA880009）

中国特色现代学徒制
专业教学标准研究

崔发周　著

清华大学出版社
北京

内 容 简 介

本书是教育部人文社科基金项目"中国特色现代学徒制专业教学标准研究"成果（项目编号为18YJA880009）。本书对职业学校和企业两个地点教学的专业教学标准（含教学内容标准和教学条件标准）进行了较为详尽的分析，为中国特色学徒制的推行和现场工程师的培养提供了必要的理论支撑。为了便于读者借鉴已有经验，书中提供了一些典型案例。

本书重点分析了中国现代职业教育背景下工作现场学习的基本要求和基本条件（课程标准、教师标准、产教融合型企业标准等），以及职业学校和企业在人才培养中的职责分工。希望本书能够为中国特色现代职业教育的探索者带来一些启迪。

本书封面贴有清华大学出版社防伪标签，无标签者不得销售。
版权所有，侵权必究。举报：010-62782989，beiqinquan@tup.tsinghua.edu.cn

图书在版编目（CIP）数据

中国特色现代学徒制专业教学标准研究/崔发周著. —北京：清华大学出版社，2023.12
ISBN 978-7-302-65024-9

Ⅰ. ①中… Ⅱ. ①崔… Ⅲ. ①职业教育－学徒－教育制度－研究－中国 Ⅳ. ①G719.2

中国国家版本馆 CIP 数据核字（2023）第 230972 号

责任编辑：张龙卿
封面设计：曾雅菲　徐巧英
责任校对：李　梅
责任印制：杨　艳

出版发行：清华大学出版社
网　　址：https://www.tup.com.cn，https://www.wqxuetang.com
地　　址：北京清华大学学研大厦 A 座　　　　邮　编：100084
社 总 机：010-83470000　　　　　　　　　　邮　购：010-62786544
投稿与读者服务：010-62776969，c-service@tup.tsinghua.edu.cn
质量反馈：010-62772015，zhiliang@tup.tsinghua.edu.cn
印 装 者：三河市龙大印装有限公司
经　　销：全国新华书店
开　　本：185mm×260mm　　　印　张：9.25　　　字　数：211 千字
版　　次：2023 年 12 月第 1 版　　　　　　　印　次：2023 年 12 月第 1 次印刷
定　　价：49.00 元

产品编号：095584-01

前言

　　学徒制是世界职业教育的主流形式,是经济社会发展的必然选择。学徒制有多种表现形式,如现代学徒制、新型学徒制、学位学徒制、企业新型学徒制等,它们都有一个共同的特征,就是主要通过在工作岗位上的学习获得职业素养和专业能力。德国的"双元制"就是最具代表性的现代学徒制形式,学生主要的学习过程在企业。学徒制培养方式具有职业教育不可替代的功能:一是学习者可以在工作过程中获得职业发展所必需的知识,而不是仅在书本上学习别人的工作经验;二是可以自然地接触到企业生产过程中采用的主流和最新生产技术,而不是学习一些过时的技术;三是无须另外购置学习所用的生产设备,实现资源利用效率的最大化;四是可以为学生配备经验丰富的师傅,而无须指导教师再去企业专门补充实践经历;五是学徒可以切身感受企业的技术文化和商业文化,而无须长时间地学习专门课程;六是求职者和招聘者由单向的供求关系变为双向的供求关系,企业为学徒提供了优质的培训服务,增强了员工的职业认同感,降低了企业在人力资源上的搜寻成本。

　　在特定的历史背景下,我国职业教育走上了学校职业教育之路,职业教育同人和企业界都切身感受到了学校职业教育的多种弊端,其中最根本的问题在于理论与实践相分离,适应性和吸引力较弱。为了消除学校职业教育的弊端,我国进行了长期的职业教育改革,大体经历了以下四个阶段:第一阶段,改革重点在教学上,通过加强校内实训和企业实习,增强学生的实践能力,但理论教学内容与实践教学不能吻合,无法学以致用。第二阶段,改革的重点从教学转到了课程设置,探索了理论教学内容与实践教学内容的一体化设计,开发了工学结合一体化课程(或称为理实一体化课程),这可以说是职业教育模式上的一个创举,但最大的缺陷是实施成本过高,各院校几乎不具备所需要的教学条件,包括生产性实训设备和具有丰富生产经验的教师,矿山、钢铁、炼油、核电、建筑等专业根本无法在校内配置生产性教学条件。第三阶段,由于理实一体化课程实施需要企业创造必要的教学条件,改革的重点转移到了校企合作机制上,探索建设校企理事会、职教集团等校企合作平台。第四阶段,探索双主体育人的现代学徒制,强调两个育人主体、两个教学主体、两个教学地点,职业教育改革进入了综合化阶段。正因为这种改革是综合性的,所以遇到的阻力也最大,主要有企业参与积极性差、缺乏协调性机构、成本分担等相关政策不完善等方面。没有校企双方可遵循的专业教学标准,是在教学层面开展学徒制培养普遍存在的一大障碍,也是本课题立项的出发点。

　　广东省教育研究院研究员杜怡萍等人对现代学徒制专业教学标准的内涵作了界定,提出了相应的开发路径,认为"现代学徒制专业教学标准是校企双方共同开展现代学徒专业教学的基本文件,是明确培养目标和规格,建构课程体系,组织实施教学,规范教学管理,加强专业建设,开发教材和学习资源的基本依据,是评估教育教学质量和专业人才水平的主要标尺;现代学徒制专业教学标准建设的路径包括'供需调研、职业能力分析、课程体系建构、标准编制'四个基本环节。"清远职业技术学院的杨敏副教授在总结现代学徒制专业教学标准开发实践经验的基础上,对开发依据和适用范围进行了探索,提出了"源"与"度"两个问题,她认为"现代学徒制的专业标准按照适用范围可划分为五个主要等级:国家标准、行业标准、区域标准、地方标准和企业标准。标准的等级不同,适用范围不同,横向广度和纵向深度也不同。"唐山工业职业技术学院高职教育研究所所长崔发周从标准使用的视角,提出了开发职业院校和企业两种不同类型而又相互联系的教学标准,以此实现校企之间的精密分工。总体来看,我国现代学徒制专业教学标准开发还处于探索阶段,尚未形成公认的开发原则和开发方法,对于这一文件的内容范围和基本功能也未趋于统一,形成广泛运用的标准体系还需要进行更加全面的研究。

当前,现代学徒制专业教学标准开发还存在三个方面的主要问题。

一是开发主体结构不够完整。目前的学徒制专业教学标准开发活动主要是在试点院校主导下进行的,政府的主导作用和行业的主体作用没有得到很好的发挥,主要原因在于试点主体选择不够合理,没有较好地贯彻系统理念,出现了一定程度的简单化倾向。事实上,"试点"方法本身就存在很大的局限性,与自上而下的系统化设计理念相互抵触。

二是开发方法不够科学合理。由于缺乏完整且适用的职业标准,开发者将职业分析作为专业教学标准研究的起点,但因对头脑风暴法的使用不够熟练,未能充分考虑各种复杂干扰因素,特别是对企业转型升级条件下的"涨落"现象有所忽视,致使开发依据不够可靠。

三是开发结果普适性不强。目前专业教学标准开发仅在有限的几个专业中进行,由于不同专业大类在工作条件、职业能力要求和教学要求上差异过大,一个专业教学标准的开发路径在另一个专业不具备普适性,特别是服务类专业的专业教学标准开发方法基本不适用于制造类专业。

要解决上述问题,需站在构建中国特色学徒制体系的高度,全面认识高质量发展阶段的基本特征,用系统理念指导中国特色学徒制体系构建,充分发扬实事求是的科学精神,摆脱各种浮躁心理和形式主义作风,明确专业教学标准的基本功能和共同遵循的开发原则,从"摸着石头过河"的探索模式转变为目标导向与问题导向相结合的科学方法,实现现代学徒制专业教学标准开发过程自身的标准化和结构化。

著　者
2023 年 5 月

目　录

第一章　现代学徒制专业教学标准的基本功能与开发原则 ………………………… 1
　　第一节　现代学徒制专业教学标准基本功能 ……………………………………… 1
　　第二节　现代学徒制专业教学标准开发原则 ……………………………………… 3

第二章　现代学徒制人才培养方案的制定 …………………………………………… 6
　　第一节　人才培养方案的双主体性 ………………………………………………… 6
　　第二节　教学时间安排 ……………………………………………………………… 9
　　第三节　人才培养方案制定程序 …………………………………………………… 12

第三章　现代学徒制课程标准开发流程与工作重点 ………………………………… 15
　　第一节　现代学徒制课程标准开发流程 …………………………………………… 15
　　第二节　现代学徒制课程标准制定工作重点 ……………………………………… 16
　　第三节　现代学徒制课程标准实施问题 …………………………………………… 18

第四章　基于现代学徒制的产教融合型企业标准与实施策略 ……………………… 20
　　第一节　现代学徒制对企业的基本要求 …………………………………………… 20
　　第二节　产教融合型企业的基本评价标准 ………………………………………… 22
　　第三节　产教融合型企业的建设策略 ……………………………………………… 27

第五章　现代学徒制"双师型"教师标准 …………………………………………… 30
　　第一节　几种典型观点辨析 ………………………………………………………… 30
　　第二节　"双师型"教师的科学内涵 ……………………………………………… 32
　　第三节　"双师型"教师培育的具体路径 ………………………………………… 35

第六章　工作手册式教材的基本特征与改革策略 …………………………………… 38
　　第一节　工作手册式教材的内涵 …………………………………………………… 38
　　第二节　工作手册式教材的基本特征 ……………………………………………… 39
　　第三节　工作手册式教材的改革要求 ……………………………………………… 42

第七章　现代学徒制模式下的职业院校行政管理绩效 … 46
第一节　职业院校行政管理绩效困境的表层征象 … 46
第二节　职业院校行政管理绩效困境的深层原因 … 49
第三节　职业院校行政管理绩效困境的突破路径 … 51

第八章　现代学徒制模式下的高职院校行政管理机构 … 54
第一节　高职院校内部行政组织机构优化面临的问题 … 54
第二节　高职院校内部组织机构形式的选择 … 56
第三节　高职院校内部组织机构的优化策略 … 59
第四节　结论 … 61

第九章　学徒制模式下的职业院校劳动教育 … 63
第一节　职业院校劳动教育的基本特征 … 63
第二节　职业院校劳动教育的基本功能 … 64
第三节　职业院校劳动教育的有效形式 … 68

第十章　学徒制模式下的通用技能课程 … 70
第一节　高阶能力及其重要性 … 70
第二节　通用技能课程开发模式 … 72
第三节　通用技能课程教材编写 … 76

第十一章　学徒制模式下职业教育系统的复杂性特征 … 79
第一节　内部结构和过程的复杂性 … 79
第二节　外部生态环境的复杂性 … 85

第十二章　职业院校管理行为简单化问题矫正 … 88
第一节　职业院校管理行为简单化的问题表征 … 88
第二节　职业院校管理行为简单化的原因图谱 … 90
第三节　职业院校管理行为简单化的治理方略 … 95

第十三章　我国职业技术教育系统边界及变化趋势 … 99
第一节　确定职业技术教育系统边界的意义 … 99
第二节　职业技术教育系统内部要素 … 101
第三节　职业技术教育系统外部环境 … 103
第四节　职业技术教育系统边界的变动 … 107

附录A	2017—2020年美国学徒制动态研究	110
附录B	高职院校工业机器人技术专业教学标准(参考)	124
B.1	工业机器人技术专业教学标准(学校)	124
B.2	工业机器人技术专业教学标准(企业)	131

参考文献 …………………………………………………………………………… 138

后记 ………………………………………………………………………………… 139

第一章 现代学徒制专业教学标准的基本功能与开发原则

现代学徒制是校企双主体育人的职业教育模式,需要合理分工和密切合作。分工是合作的基础,合作是分工的目的。研制适用于职业院校和企业两种主体的现代学徒制专业教学标准,是完善双主体育人机制的必由之路,是探索中国特色学徒制必须解决的一个制度性、基础性和普遍性的问题。我国在现代学徒制试点过程中,一些试点单位尝试开发了部分专业教学标准,对于深化职业教育产教融合、校企合作起到了促进作用。但总体来看,目前对于现代学徒制专业教学标准开发还缺乏规律性认识,特别是对于企业现场的学习内容和学习过程的认识还比较模糊。认清中国特色现代学徒制专业教学标准的基本功能和开发原则,对于构建产教融合的现代职教体系是十分必要的。

第一节 现代学徒制专业教学标准基本功能

专业教学标准通常由国家或者行业组织发布,是人才培养方案的上位文件,也是职业院校和产教融合型企业组织职业教育教学活动的基本依据。专业教学标准的缺失,将会造成教育主体衔接无序、培养质量参差不齐、教学诊断无据可依、用人单位搜寻成本增加等一系列问题。充分认清现代学徒制专业教学标准的功能,编制科学有效的专业教学标准,是推行现代学徒制必须完成的一项基础性工作。

1. 指导人才培养单位开展教育教学活动

我国职业教育标准化工作为高质量发展奠定了基础。学徒制教学标准是衡量学徒培养质量的统一尺度,是现代学徒制培养机制中的基本制度。在传统的发展模式下,我国职业教育存在着知识传授浅表化、考试内容简单化的现象,一些院校"高毕业率""高就业率"的光环下隐匿着"低水平"教育教学和低水平就业的内疾。[①] 在高质量发展的新阶段推行现代学徒制,这本身就是职业教育高质量运行的改革措施,而专业教学标准就是指导产教融合型企业和职业院校实现现代学徒制高质量运行的重要工具。

专业教学标准对现代学徒制运行的指导作用具体体现在以下方面:一是指导现代学徒制实施主体科学制定人才培养方案和课程标准,规定必要学习项目和拓展学习项目,使得学徒在学徒期满能达到基本的出徒要求;二是根据培养层次和学徒项目规定入学要求,如工业机器人技术领域的学徒需要以高中毕业为起点,养老服务领域招收的学徒可以为具有 1 年以上工作经验的农民工,等等;三是根据学徒项目准备必要的学习条件,职业院校依

---

① 王鑫明.我国全面推行现代学徒制面临的几个问题与建议[J].中国职业技术教育,2020(33):32.

此编写教材及培训教师,产教融合型企业则依此安排指导教师和实训设备。

2. 协同职业院校与企业的教学活动

现代学徒制的两个教育主体、两个学习地点需要相互联系、相互配合,建立必要的协同机制是实现规范运行的必要条件。根据木桶原理,学徒质量水平取决于职业院校和企业中培养工作水平较低的一方。任何一方教学活动的缺失,将会造成整个系统的资源浪费和功能削弱。在试点过程中,由于校企双方缺乏明确分工,一些试点单位较多地由企业人员担任理论教学任务,而由学校教师担任实习指导,致使双方的优势都没有得到充分发挥。更为经常的情况是,作为学徒制试点主体的企业缺乏必要的师资条件和设备条件,学徒在企业无法获得主流技术条件下的能力训练,影响了学徒制的效果。单纯的职业学校教育和企业培训都是在同一个单位完成的,目标的统一较为简单;学徒制将学校教育与企业培训结合在一起,目标和活动的协同就成为一个关键性问题。专业教学标准一个最基本的功能,就是通过确定校企双方育人职责要求,使双方共同致力于同一个目标,形成一个新的组合系统,或者说成为现代学徒制系统中的两个内部元素。尽管校企双方签署了现代学徒制合作协议,但约定的事项一般都过于笼统。专业教学标准作为校企合作协议的一个附件,可以保证协议得到更为有效的执行。

3. 诊断人才培养单位教学质量问题

问题是现状与标准之间的差距。缺乏专业教学标准,就无法评估职业院校和企业的人才培养质量。根据中国特色现代学徒制运行的核心要素,结合职业教育尤其是高等职业教育的教育教学规律,现代学徒制专业建设与质量保证评价体系应包含专业建设与发展的保障、课程体系与课程建设基础、技术与社会服务能力及人才培养成效等因素。[①] 从试点工作实际来看,学徒在企业现场学习缺乏明确要求,一些企业出现了"放养式"的学徒培养,甚至有些企业将学徒当作了廉价劳动力,通过专业教学标准的实施,可以有针对性地解决这一问题。

将现代学徒制与1+X证书制度相结合,在专业教学标准中明确学徒应该获取的职业技能等级证书,是诊断学徒培养质量的一个关键环节。职业技能等级证书是由专业化的第三方评价组织开发、考核和发放的,这些组织经过了较为严格的遴选程序,是目前国内最具权威性的行业性组织。[②] 在企业学徒制过程中引入职业技能等级证书制度,强化了结果考核认证,可以倒逼承担学徒任务的企业规范培训过程,对接证书要求,间接地强化了国家对学徒制工作的监控,从而形成学徒制运行的闭环系统。

4. 固化职业教育改革成果

现代学徒制是迄今为止我国最为深入的产教融合、校企合作形式,也是职业教育改革的最新成果。以国家标准形式固化职业教育改革成果,可以防止职业院校重回封闭办学的老路,摆脱普通教育的路径依赖,更快地向职业教育现代化、信息化、国际化迈进。如果校

---

① 吕小花,刘登辉.现代学徒制视域下的专业建设和质量保证评价体系[J].江苏经贸职业技术学院学报,2020(3):53-55.

② 朱厚望,侯雪梅.1+X证书制度背景下高职院校现代学徒制的新诉求与路径选择[J].职教通讯,2020(7):25-27.

企分工与合作模式不确定,就无法充分调动校企双方的积极性,更无法形成协同效应。现代学徒制专业教学标准以制度化方式形成清晰的人才培养流程,在操作层面构建了较为稳固的合作机制,使得校企合作培养制度具备了不断完善、持续改进的基础。

第二节 现代学徒制专业教学标准开发原则

现代学徒制专业教学标准开发原则是我国现实国情下反映基本规律的整体性要求。开发现代学徒制专业教学标准,需要以现代化经济体系构建为大背景,反映经济社会发展的宏观要求、科技发展的趋势要求和市场变化的动态要求,实现教育体系与科技体系、产业体系、社会体系有机衔接。从我国教育现代化的历史进程和构建现代化经济体系的目标定位上看,我国现代学徒制专业教学标准开发需要遵循以下原则。

1. 整体上的目的性原则

开发现代学徒制专业教学标准,目的是构建中国特色学徒制的运行机制,保障学徒制人才培养质量,促进职业教育高质量发展。专业教学标准对培养对象、学习年限、培养目标及毕业规格、课程设置及教学要求的规定,总体上源于现代化经济体系构建和产业数字化转型的需要。离开国家现代化建设和产业发展的外部需求,只是从教育和学校内部需要出发编制的专业教学标准注定是无效的。对于一线职业院校而言,在没有国家和行业专业教学标准的条件下,人才培养方案就等同于专业教学标准。事实上,国家和行业颁布的专业教学标准也是各个职业院校共同实施的整体性人才培养方案。现代学徒制试点单位可以没有专业教学标准,但不可以没有一个专门用于现代学徒制试点的人才培养方案。一些试点单位受传统培养模式的路径依赖,仅仅延长了传统人才培养方案中的顶岗实习时间,这种将学徒制作为"大实习"的做法不仅没有抓住改革的实质要求,而且极有可能使学生变为廉价劳动力。

2. 主体上的协同性原则

协同性原则有两层含义:一是专业教学标准具有校企双方人才培养活动协同的功能,服务于总的人才培养目标;二是专业教学标准的制定需要政行校企多方协同努力,解决职业院校封闭办学的问题。由于目前现代学徒制专业教学标准开发主要是由职业院校主导的,因而在标准功能和适用范围上带有很大的局限性。国内外职业教育发展的经验都已表明,高质量的现代学徒制专业教学标准需要利益相关方多方协同编制。首先,政府需要在法律框架下提供政策规章,明确各相关方的权利义务关系,并赋予行业组织、职教集团、社会团体等第三方社会组织开发专业教学标准的权利;其次,行业组织或者带有行业组织性质的职教集团需要依据企业工作岗位实际需要和技术技能人才成长规律,组建专业化的标准开发组织,深入开展调查研究;再次,企业由用人主体变为教学标准开发主体,提出人才培养的基本诉求,真正成为"人才培养方案的'设计者'、教学过程的'实施者'、培养岗位的

'提供者'、考核结果的'评价者'、培养结果的'受益者'"[①]；最后，职业院校作为重要的育人主体，需要发挥教学经验丰富的优势，主动参与专业教学标准制定过程，充分反映学习者的利益诉求和终身教育的发展要求。

3. 内容上的适应性原则

现代学徒制专业教学标准内容上的适应性是职业技术教育适应性的具体体现，也是专业教学标准开发的核心要求。专业教学标准需要适应不同层次、不同专业、不同区域技术技能人才培养的需要，满足用人单位和学习者个人的发展要求。具体而言，现代学徒制专业教学标准需要适应三个方面的要求：一是适应产业数字化转型的需要，将企业生产过程需要的新知识、新技术、新工艺、新材料及时引入课程教学之中，实现教学过程与生产过程的对接；二是适应职业教育综合改革的需要，以典型工作任务作为基本课程模块，实现知识与技能的重组，并充分利用人工智能、虚拟现实技术、物联网技术丰富教学内容的呈现形式；三是适应生源多样化的需要，强化内容的可选择性，对农民工等教育对象适当进行补偿性文化基础教育，对于以中学毕业为起点的学习者强化系统性的技能训练，对于以中职学校毕业为起点的学习者重点进行高技能训练。在职业标准体系逐步完善的条件下，专业教学标准开发应该以职业标准为基本依据，结合生源特点形成适应教学过程需要的培养目标体系和课程内容体系。检验专业教学标准是否适应外部和内部需要，主要看用人单位和师生的满意程度。

4. 结构上的实用性原则

专业教学标准是制定人才培养方案的基本依据，是现代学徒制实施过程中的必备文件。与普通教育不同，职业教育的现代学徒制模式具有两个育人主体、两个学习地点，因而专业教学标准的结构也就变得更加复杂。从现实需要来看，现代学徒制专业教学标准需要以综合版、企业版和学校版三种版本来呈现，以适应不同主体的需要。综合版用以呈现整体人才培养目标和全部课程内容，以满足第三方组织开展人才培养质量监控和最终考核的需要；企业版用以呈现企业教学目标和企业现场学习内容，主要反映生产性实训项目的教学要求，是企业组织教学过程和监控教学质量的基本依据；学校版主要呈现学校教学目标和学校学习内容，反映理论课程教学和非生产性基本训练的教学要求，是学校安排教学进程和监控教学质量的基本依据。由于校企双方需要在时间进度和教学内容上保持协调一致，专业教学标准的学校版和企业版互为支撑、相辅相成。

5. 过程上的动态性原则

学徒制专业教学标准开发不是一蹴而就的，需要不断地进行调整、补充、完善。学徒的学习内容是当前和近期内企业所采用的主流技术，原则上排除已经淘汰的技术和尚未实现量产的技术，这就决定了学习内容的动态变化性。基础教育课程标准具有相对稳定性，但职业教育需要贴近企业生产技术的变化，在教学上做出灵敏反映。现代学徒制是在生产现场的学习，这一特征更为明显。现代学徒制的专业教学标准需要每年进行一次动态调整，目的就是追随企业技术变化。为了适应学徒制教学标准的动态性特征，我国应该设立专门

---

① 龚小涛,赵鹏飞,石范锋."双高计划"背景下全面推行现代学徒制的路径研究[J].中国职业技术教育,2019(33):41.

的学徒制服务机构,长期追踪企业技术变化和用人需求,每年发布新的专业教学标准。职业院校和企业则根据国家颁布的专业教学标准,及时调整人才培养方案。

6. 使用上的灵活性原则

实现标准强制性与灵活性的统一,是我国职业教育标准化建设的一个难点。为了实现"协调发展"的基本要求,现代学徒制专业教学标准开发需要有底线思维,保证用人单位人才搜寻成本的合理性。但由于我国经济发展很不均衡,各地教学条件具有较大的现实差异,东部地区轻易能够达到的标准要求,在西部地区可能会出现较大困难,因而需要将标准一般要求的强制性与个性要求的引导性相结合,在整体上达到最佳实施效果。譬如,对于专业课程设置,既应规定一定数量的必修课程,又应规定必要的限制选修课和一定比例的任意选修课,以满足不同区域产业发展的要求;既要考虑到职业教育的超前性,又不能完全脱离产业发展的实际水平。对于经济发展相对落后的地区,既加大投入限期达标,又应该充分考虑现实可能性,坚持稳中求进的总基调,防止专业教学标准成为空中楼阁,影响国家标准的权威性。

第二章　现代学徒制人才培养方案的制定

人才培养方案是专业教学标准落实的结果,是现代学徒制试点专业教学活动安排的基本依据,也是集中体现改革思路的重要文件,直接关系到现代学徒制试点工作的成败。试点单位应该从理念、方法、结构、内容和程序各方面细化工作方案,确保人才培养方案的先进性、针对性、有效性和可行性。通过对试点工作中一些突出问题的分析,提出现代学徒制人才培养方案制定的核心关注点是体现双主体性,实现校企之间的合理分工;学徒过程是一种个性化的教学过程,基本教学组织形式是轮岗学习;人才培养方案的确定需要具有合法性,兼顾各个相关方的利益。如何制定一份具有科学性、先进性、可操作性的人才培养方案,是试点单位需要完成的一项重要课题。通过对试点工作中一些突出问题的分析,现对人才培养方案的双主体性及其表现形式、方案的制定程序以及教学时间安排等问题提出一孔之见。

第一节　人才培养方案的双主体性

企业是现代学徒制的重要育人主体,师傅是现代学徒制的重要教学主体。这是现代学徒制的基本特征。开展现代学徒制试点,首要的问题就是制定一份校企明确分工又相互协同的人才培养方案。

（一）试点专业人才培养方案中的突出问题

由于受思维定式和主体利益的影响,目前一些现代学徒制试点院校的专业人才培养方案在形式和内容上都存在着较多问题。[①]

一是"校园式现代学徒制"。目前试点院校专业人才培养方案存在的最突出问题就是未能充分体现双主体育人特征,将企业作为职业院校附属单位;专业核心课程主要为校内实施的"理实一体"课程,以校内实训基地和校内"双师型教师"为基本教学条件。现代学徒制试点的本来目的是解决工学结合人才培养模式改革中的突出问题,找到产教融合、校企合作的实现途径,但这种内向性的"校园式现代学徒制"剥夺了企业人员的教学主体地位,是"理实一体"课程改革的翻版。

二是"实习式学徒制"。在过去的课程改革中,过分强调了实践教学,一些学校实践课时达到60%以上。在现代学徒制试点中,一些学校将2/3以上的时间安排在企业学习,弱化了理论教学,时间分配随意性强,不符合产业转型升级的需要。这种企业全程式学徒是与"校园学徒制"相反的另一个极端,学徒很难掌握较为系统的技术基础知识,失去了学徒

---

① 崔发周.现代学徒制何来企业"不参与"[N].中国教育报,2016-10-11.

制的"现代性"。①

三是个性化教学组织形式特征不明显。学徒制是最具个性化的职业学习模式,可以真正实现因材施教。但由于职业院校教师习惯采用班级课堂教学,在"理实一体"的项目教学中一般没有打破班级教学形式,在现代学徒制试点时又沿袭了这种集中教学形式。突出特征是所有学习者都采用一套人才培养方案,学习内容和时间顺序基本没有差异。这种以"统一"为特征的人才培养方案失去了现代学徒制的个性化优势,严重影响试点工作效果。

四是企业缺乏单独实施的方案文本。企业与职业院校是并行的教学实施单位,而且培养对象是试点企业未来的员工,人才培养方案应该更多地满足试点企业教学需要。但是,目前多数试点专业的人才培养方案与学校本位人才培养方案结构上基本相同,而且一般没有企业实施部分的单独方案。

五是方案实施缺乏有效监督。不少试点单位随意调整人才培养方案,实际教学活动与培养方案是"两层皮"。尽管试点工作方案可以边研究边完善,但应充分尊重人才培养方案的权威性和科学性,对方案的任何调整都应该有严格程序和科学依据,否则就无法通过试点发现现实条件下的现代学徒制规律。

(二)双主体人才培养方案的结构

现代学徒制是一种校企分工协作培养技术技能人才的教育制度。学校部分的课程分为文化基础课、技术基础课、专业理论课和非生产性项目课程,企业主要承担生产性项目教学。

1. 总体结构

因现代学徒制人才培养具有两个教育主体、两个教学主体、两个教学场所、两个教学监控主体,人才培养方案需要分为学校实施部分和企业实施部分。为了保证两部分方案的协调,还需要制定一份综合的人才培养方案。学校部分和企业部分的方案都应根据各自特点,明确重点解决的教学问题,突出实效性,防止出现形式主义。企业主要承担实践教学,重点是生产性教学项目,需要解决企业学习岗位、符合标准要求的师傅队伍建设以及学徒岗位轮换等问题;学校主要承担理论教学和基本技能训练,一般不安排生产性实训,需要解决学生关键能力培养、为生产性项目实施进行知识准备等问题。

2. 企业人才培养方案结构

人才培养方案的学校部分与原有人才培养方案大体相同,但企业部分具有一定的特殊性,是现代学徒制人才培养方案制定的难点。根据试点经验,企业实施部分的人才培养方案应包括专业名称及代码、招工要求、学徒年限、培养目标、职业范围与岗位描述、人才规格及证书要求、典型工作任务、课程内容及要求、教学时间安排(含轮岗安排)、教学基本条件和教学实施建议等内容。

(1)相关职业岗位。描述现代学徒制试点企业与本专业相关的就业工作岗位和发展性工作岗位。一般而言,学徒岗位即为出徒后的职业工作岗位,学习内容即为将来工作内

---

① 关晶,石伟平.现代学徒制之"现代性"辨析[J].教育研究,2010(10):99-101.

容。职业岗位描述应包括职业岗位名称、岗位职责和岗位职权等内容,依据企业实际规定撰写。

除了对毕业初期的就业岗位进行描述外,方案中还应对发展性职业岗位进行描述。所谓发展性职业岗位,是指学生毕业5~10年内可能从事的工作岗位。① 发展性职业岗位的需要决定着技术知识的深度和关键能力的重要程度。

(2) 人才规格。人才规格是培养目标的具体化,直接决定课程目标和内容取舍。人才规格一般按照知识、职业能力和职业素养方面的要求分别描述。知识规格描述采用"通过……学习,能说出……""通过……学习,能分析归纳……"范式,主体应该是学生;不使用"掌握""学会"等模糊性语言。职业能力规格描述采用"能够利用×××(工具、材料、方法)完成××××(产品、作品、任务、工作)",不采用"具有……能力"的范式。职业素养规格着重描述毕业生应具备的工匠精神、绿色意识(节能、环保、成本)、创新意识、协作意识等,注意体现专业特点,如在数控加工中合理选料,尽可能减少材料浪费,能够对冷却液回收利用;在陶瓷装饰设计中注重在继承基础上的创新、注重个人风格的形成等。

(3) 典型工作任务。由企业人力资源管理人员、工程师和操作加工人员等实践专家预测确定的、毕业生在毕业后5~10年需要完成的主要工作任务。典型工作任务描述通常包括典型工作任务概述、工作对象、使用工具、工作组织与要求等方面,以表格形式呈现。由于典型工作任务具有未来取向,可能为目前尚不存在的工作任务,教学中需要采用最新技术知识和生产设备、生产工艺。

(4) 主要课程内容及要求。企业课程是典型工作任务和非典型工作任务经过教育化改造形成的,既要满足企业发展的需要,又要满足学徒发展规律。企业课程描述主要包括课程性质、教学组织形式(班级、小组、个别培训等)和内容要点。

课程性质分为必修和选修两种,前者学习职业岗位必须完成的典型工作任务,后者学习拓展性的非典型工作任务(如数控技术专业中的生产管理组织、工业机器人运用等)。在企业学徒过程中,教学组织形式以小组学习为主,通常由一名师傅指导2~5名学徒,通过师傅的言传身教和学徒之间的相互交流掌握工作流程和技术细节。

在学习典型工作任务之前,需要经过职业道德培训、产业发展培训、厂规厂纪教育、安全生产教育和企业文化教育。

由于许多职业院校已经开发了"理实一体"的项目化课程,需要将其中的理论知识重组,形成新的综合性学科课程,主要在职业院校实施;项目教学主体过程在企业实施,由师傅进行指导。企业进行的理论教学主要为实践教学服务,学校进行的实践教学主要为理论教学服务。毕业设计可以由学校教师与企业师傅共同指导完成。这种安排由"理实一体"转变为"理实结合",降低了教学条件准备的难度,更加具备现实可行性。

(5) 教学基本条件与教学实施建议。为适应企业转型升级和学生职业发展的需要,企业应选用技术先进的设备和工艺供学徒学习,并选派爱岗敬业、技艺精湛、经验丰富的师傅指导学徒。为实现校企协同育人,提高学习效率,便于学徒管理,应构建校企共用的网络教学与管理平台,实现在线招生、在线辅导、在线提交作业、在线讨论、在线考评等功能。

---

① 崔发周.高等职业技术教育人才培养目标体系及其构建[J].教育与职业,2013(2):5-7.

（三）单独编制企业培养方案的优点

对于单独编制企业培养方案，许多人很不理解，认为这样破坏了人才培养方案的统一性，容易造成混乱。其实，这是对现代学徒制的本质特征缺乏深入理解，传统的学校本位思维模式仍在发挥主导作用。从实践效果看，单独编制企业方案至少有以下优点。

1. 有利于职业院校转变观念，树立校企协同育人思想

"创新、协调、绿色、开放、共享"发展是职业教育的本质要求，也是提升职业教育质量的必由之路。以统一为特征的人才培养方案中，尽管安排了在企业的顶岗实习，但许多学校实际上已经演变为提前就业，并没有成为一个教学环节。将企业培养方案独立出来，是现代学徒制带来的一个根本性变化，可以促使职业院校改变封闭教育模式，真正走上校企协同育人之路。

2. 有利于企业发挥主体作用，落实企业育人责任

目前，许多现代学徒制试点企业还没有走出"顶岗实习"的定式，将学徒当作"别人的孩子"，育人主体意识不强。单独编制企业培养方案，从形式和内容上都强化了企业育人主体作用，使双主体育人的"最后一公里"得以落地。由于职业院校在企业培训部分"放手"，企业真正体会到与职业院校并行的育人责任。

3. 有利于增强学生的职业意识，强化实践能力培养

学徒制是真正意义上的"做中学"，走出学校，走出课堂，在工作中学习工作，在生产中学习生产。企业培养方案最能体现学徒制本质，是学徒获得综合职业能力的根本途径。

4. 有利于企业培训体系建设，完善训练教学条件

企业人才培养方案不仅规定了培养目标和培养任务，还规定了必要的教学条件，这是企业建设师傅队伍和培训体系的基本依据。通过制定企业培养方案，可以促使企业分析职工队伍状况，制定人力资源发展规划和人才强企战略，加快转型升级的步伐，形成人才发展与企业发展的协同效应。

5. 有利于推进现代学徒制走向标准化、制度化，保护学生权益

一些现代学徒制试点单位之所以将学徒作为廉价劳动力，根本原因就是缺乏完善的企业培养方案。规范的企业培养方案不仅关注学生切身利益，而且要实现个性化教学，促进教学方式的根本改革。由于培养方案具有强制性和约束性，可以兼顾企业利益、学徒利益和学校利益，有效防止因学校教师和企业管理人员过度关心自身利益而影响试点效果。制定校企协同的两份人才培养方案，也为教学质量全程监控提供了必要条件。

第二节　教学时间安排

现代学徒制人才培养方案的教学时间安排涉及两个教学场所、两部分课程、两部分教师的教学时间分配，在企业又有多个学习地点，因而要比单纯的学校班级教学安排更加复杂。

（一）总体时间安排

人才培养方案的总体时间安排确定理论课程与实践教学的比例、学校教学与企业培训的比例、必修课程与选修课程的比例，以及校企之间交替的方式。

1. 课程的调整

根据现代学徒制的特点，需要对传统的学校本位人才培养方案做相应调整。

（1）删减部分课程学时。因学徒制为培养制度与就业制度的结合，就业指导已经融入招生招工之中，且在企业还要进行公司文化教育，一般不必再在校内安排专门的就业指导理论课程。学徒过程与工作岗位结合紧密，本身就是工作本位的学习，一般也不必再单独安排"顶岗实习"。

（2）增加部分课程学时。由于企业转型升级的需要，要适当增加和强化对职业发展具有基础和支撑作用的核心课程，如电气工程类专业中的电工技术基础、电子技术基础、电机学等，并开设相应的实验课。在过去的工学结合人才培养模式改革中，一些院校开发了大量学校本位的工学结合项目课程，并将原来的实验楼、实验室改为实训楼、实训室，弱化了技术理论教学，不利于学生综合职业能力培养。强化技术理论课程，是职业教育供给侧改革的需要，也是提升职业教育质量的战略性措施。

（3）毕业设计实施方式与学时调整。毕业设计是职业院校学生运用所学技术知识和生产技术经验进行的一项综合训练，对于学生（特别是高职院校学生）综合职业能力培养具有重要意义。传统的毕业设计存在着脱离企业实际的现象，指导人员主要为学校教师，实际效果不佳。在实施现代学徒制的条件下，毕业设计可以由企业人员出题，或者由学徒自己选题，在企业完成并直接在生产中进行检验。经评估认为毕业设计选题具有较大应用价值的，可以相应减少其他学徒项目，让学生重点完成项目设计。这种方式不仅强化了毕业设计的针对性，也增强了学徒制对企业的吸引力。

2. 理论教学与实践教学的比例

随着新一轮工业革命和"中国制造2025"的不断发展，对企业一线操作者的知识素质和实践素质都提出了更高要求，应适当加大理论教学课时比例。理论教学安排过少，既不利于学习者职业发展，也不利于企业的长远发展。通过各个试点院校的实践，理论教学与实践教学的学时比例应该在1∶1左右。对于"中国制造2025"重点发展的新一代信息技术产业、高档数控机床和机器人、航空航天装备、海洋工程装备及高技术船舶、先进轨道交通装备、节能与新能源汽车、电力装备、农机装备、新材料、生物医药及高性能医疗器械10个重点领域，应该将文化基础和技术基础理论教学的比例提高到60%～70%；对于生活服务类专业，可适当加大实践教学的比例。本科院校和高职院校应适当加大理论教学比例，而中职学校可适当加大实践教学比例。东部发达省份院校应适当加大理论教学比例，而中西部学校可适当加大实践教学比例。

3. 理论教学与实践教学的顺序

若条件允许，学校理论教学与企业实践教学交替周期越短越好，以实现理论与实践的紧密结合。最典型的情况为每周在企业学习2天，学校学习3天；还可以采用上午在学校、下午在企业的方式。除非迫不得已，一般不以学期为交替周期。目前有些试点单位安排最后一个学期或学年在企业学习,从形式和实质上与传统的顶岗实习并无太大区别,未能较好地体现"理实结合"的特点。为适应不同学习者的个性化学习要求,应增强课程的可选择性,学校和企业都可安排与其他专业相同的选修课。增加选修项目,也有利于学徒轮岗方案的制定。

(二)企业教学时间安排

在保证教学目标和教学内容基本相同的前提下,学徒需要在企业不同岗位轮岗,获得跨岗位职业能力。为了使学徒过程更能满足学习者个性化需求,需要根据师傅配备情况划分若干个学徒小组,并在企业培养方案中列出不同组别的教学时间安排和轮岗安排表。

1. 理想模型

为了便于分析,这里提供一个理想模型。假定学徒分为5组,企业恰好可以提供5个学习性工作岗位,每个岗位需要的学习时间也完全相同,且学习效果不受学习项目顺序影响,可以采用"循环轮岗"的方式(表2-1)。

表2-1 理想条件下的轮岗安排

岗　　位	时段1	时段2	时段3	时段4	时段5
岗位1	1组	2组	3组	4组	5组
岗位2	2组	3组	4组	5组	1组
岗位3	3组	4组	5组	1组	2组
岗位4	4组	5组	1组	2组	3组
岗位5	5组	1组	2组	3组	4组

"循环轮岗"方式便于编排,可以充分利用企业学习条件,降低教学成本,提高学习效率和资源利用效率。

2. 一般情况

学习岗位数量与分组数量恰好相等只是一种理想情况。当分组数量与学习岗位数量不等时,需根据实际情况合理安排轮岗,但要保证所有学徒遍历所有岗位。

比如,3组学徒需要在5个岗位轮换时,可以在前3个时段实现3组轮换;剩余的两个岗位,每个时段分别安排两个组,另一个组"轮空",轮空组可以选学尚不熟练的项目,也可以回校选学理论科目(表2-2)。

表2-2 一般轮岗安排

岗　　位	时段1	时段2	时段3	时段4	时段5	时段6
岗位1	1组	2组	3组	—	—	—
岗位2	2组	3组	1组	—	—	—
岗位3	3组	1组	2组	1组	2组	3组
岗位4	—	—	—	2组	3组	1组
岗位5	—	—	—	3组	1组	2组

当部分岗位(任务)对排列顺序有严格要求,且任务所需时间差异较大时,需要采用信息化手段,利用"网络计划法"安排轮岗。①

第三节　人才培养方案制定程序

人才培养方案是保证现代学徒制效果的重要工具,需要具有严格的制定程序。一些试点职业院校对人才培养方案重视不够,方案制定工作中存在着调研不充分、主体不完整、课程设置依据不足、课时分配随意性强等问题,影响试点效果。由于现代学徒制试点工作还缺乏经验,必须在充分调研的基础上拟订出科学的方案制定程序。

1. 前期调研

在确立试点专业的基础上,针对区域产业需求、合作企业选择、企业现实技术水平、技术发展趋势、学徒岗位数量、学徒学习意愿、教师教学能力、资金保障能力以及相关政策制度等问题,以合作企业人力资源管理人员和发展规划人员以及准备进入学徒制的学习者为重点对象,开展全面细致的调查研究。在调研工作不充分的条件下盲目制定方案,可能会造成方案的反复修改,反而降低工作效率。

调研主体应选择熟悉职业教育规律的职教研究人员和试点专业教学人员,以制定高水平人才培养方案为直接目的,尽可能不要将其他专业学生就业工作、教师企业实践、技术研发项目等内容混杂在一起。调研方法主要采用深度访谈与现场考察相结合的方式,以写实方法为主,形成完整的证据链。譬如,企业认为产品质量和技术工艺为国际领先,需要同时考察企业是否通过了 ISO 9000 系列认证;企业可提供的学徒岗位数量应该与设备数量、职工队伍发展规划相符。调研最终成果为"现代学徒制试点问题调研表"(表 2-3),经现代学徒制试点工作委员会审核确认后作为方案编制的依据。

表 2-3　现代学徒制试点问题调研表

企业名称		企业规模		(人)
技术水平	( )国际领先　( )国内领先　( )区域先进　( )一般　( )落后			
发展趋势	( )国际领先　( )国内领先　( )区域先进　( )一般　( )落后			
学徒岗位	(　个)	容纳学徒	(　名)	学徒津贴　(　元)
学徒认可度	( )高　( )较高　( )一般　( )较低　( )低			
教师适应性	( )高　( )较高　( )一般　( )较低　( )低			
政策适应性	( )高　( )较高　( )一般　( )较低　( )低			
调查结论				
审核意见				

---

① 网络计划法[EB/OL].http://www.doc88.com/p-506935711656.html.

2. 合作企业的选择

人才培养方案是由校企双方共同实施的,也需要由校企双方共同制定。选择一个技术先进、管理规范、成长性良好的企业,是保证人才培养方案科学性的前提。如果一个企业本身技术和管理落后,缺乏规范的工作流程,学徒就不可能在企业感受典型工作过程,更谈不上工匠精神和创新精神的熏陶,人才培养方案的制定就失去了基础。因此,现代学徒制的合作企业应该具有行业代表性,具有一定规模,对高素质人才的用人需求较为强烈,在此基础上,才能确定人才培养方案的制定程序。

3. 培养目标的确定

通过企业、学校和学徒三方的沟通,明确学徒的职业目标,包括短期就业目标和终身职业目标。确定职业目标的最直接目的,就是确定人才培养目标和人才规格,同时提高学徒制试点的针对性,预防因学习者工作懈怠或将来反复"跳槽"而降低学徒制效率。

人才培养目标是学习者职业目标与企业发展目标的有机融合。确定人才培养目标,应该着眼未来并注重发展,让目标起到引领和标志作用。新加坡南洋理工学院提倡"用明天的技术,培养今天的人才,为未来服务"[①],这是确定人才培养目标的核心理念。学习者获得的知识和能力应该是毕业后5~10年所需要的,而不仅仅是毕业后的前三年,更不是学习期间流行的内容。短视的目标,受到损失的不仅是学生,也包括企业。因此,确定人才培养目标,应该依据企业产品设计人员的预测,这些人员最了解未来的发展方向;具有经验的实践人员只能了解过去做了什么,而不清楚将来要做什么。

4. 生产性项目的确定

在企业实施的生产性项目是实现培养目标和职业目标的重要载体,也是体现现代学徒制特色的重点教学内容。生产性项目的选择由企业产品设计人员、一线实践专家、学校教师和职教研究人员共同进行,应避免单纯地由对应工作岗位的一线人员确定。

根据专业特点和培养目标要求,生产性项目设置10~15个[②],每个项目需要0.5~2个月完成,应避免项目过大或过小。根据职业特点和由易到难的顺序,合理确定生产性实践教学项目的节奏,即每周学习时数和项目间隔时数,明确设备和场地要求,形成企业培养方案。为了实施生产性项目,必要时企业应设立学徒中心,配置专门用于学徒的新一代生产设备,为转型升级储备技术技能人才。

实践教学项目可依据近期就业目标有针对性地选择,但学科教学内容不仅要满足近期工作岗位的需要,还要满足终身职业发展的需要。

5. 人才培养方案的审定

因现代学徒制人才培养方案具有两个责任主体,涉及政府、行业、企业、院校和学生及其家庭多方利益,不能由职业院校或企业单方面确定人才培养方案,更不能由少数教师确定。在行业组织较为完善的条件下,由行业组织专家审定学徒制培养方案。在当前行业组

---

① 马宏,朱志,杨圣春,等.借鉴南洋理工学院办学理念,深化高等职业院校内涵建设[J].高等工程教育,2013(1):166.

② 赵志群.典型工作任务分析与学习任务设计[J].职教论坛,2008(18):1.

织尚不完善的条件下,应组建职教集团理事会,由相关企业、职业院校和学生代表共同协商确定人才培养方案。也就是说,现代学徒制人才培养方案是多个利益相关方博弈的结果,是一种折中的方案,完全偏向任何一方都会损害其他方的利益。

经学徒制工作小组审定后,学校与企业双方都应认真实施人才培养方案。人才培养方案是教学质量的基本保证,也是相关方利益的根本保证,具有一定的法律效力。现代学徒制人才培养方案涉及的法律关系不亚于一项博士后培养方案。未经合法程序任意修改人才培养方案,或者将人才培养方案束之高阁,不仅是严重的教学事故,而且要承担相应的法律责任。在方案实施中,应根据要求全面准备教学条件,汇集所需要的各种资源,建立教学督导制度,保障人才培养质量,而不能以条件不足为借口改变方案。

总之,现代学徒制人才培养方案制定是试点工作中一个非常关键的环节,关系到试点工作的成败。

第三章 现代学徒制课程标准开发流程与工作重点

根据试点经验,课程标准开发应坚持科学流程,以系统科学理念制定开发规划,以企业现场调研摸准技术转型重点,以多轮头脑风暴确定教学性工作任务,以教育科学方法厘清课程目标,以教学实践实现课程标准完善;开发工作重点包括落实立德树人要求,推进课程数字化转型,制定课程项目化教学的基本策略。在课程标准实施过程中,应注重校企双方教学协同,并构建多重融合的教学团队和企业培训质量监控。

第一节 现代学徒制课程标准开发流程

课程标准是教材开发和教师授课的基本依据,也是推行现代学徒制的基础性文件。在试点工作中,许多试点单位没有开发具有学徒制特点的专用课程标准,而是采用已有的传统课程标准,或者在课程标准开发中缺乏科学流程,影响了学徒制的实施效果。根据试点经验,学徒制课程标准开发应该采用以下流程。

1. 以系统科学理念制定开发规划

课程标准开发规划是对开发目标和开发路径的设计。我国现代学徒制试点工作中,一个突出的问题是,参与试点的专业教师多数不具备职业教育学和课程开发的必要知识,只能机械地执行教育部的相关文件,遇到问题很容易自暴自弃、怨天尤人,在课程标准开发中基本不存在系统规划和整体设计过程,由此导致开发结果漏洞百出。课程标准中的主要问题包括:缺乏科学准确的课程目标和单元教学目标;在企业实施的课程未能充分结合企业现场情境,而是以校内实训室为参照;工作任务和相关知识陈旧,不符合行业数字化转型的需要;实施成本过高,缺乏绿色生产理念;脱离现实条件,无法在企业实施等。所有这些问题都是由于开发流程不规范所引起的。制定课程标准开发规划,就是形成一个科学理念指导下的开发方案,提高开发工作效率,避免造成不必要的损失。

2. 以企业现场调研摸准技术转型重点

学徒制试点团队不仅需要落实规划方案的"工程师",更需要指导试点工作合理进行的"设计师"。开发专业课程标准,首先需要通过在企业现场的调查,发现生产过程数字化转型的基本要求和由此对职业人员带来的知识能力变化。如果课程标准脱离企业生产实际,在学校内部还可以实施,但在企业就根本无法实施下去,因为企业不可能投入资金去配置一套已经完全淘汰的仪器设备。调研的主要内容应该包括:当前的主流生产设备以及所采用的主流技术,企业出现的最新技术变化及主流技术变化趋势,已经淘汰和即将被淘汰的技术,能够被人工智能技术取代的技术,需要掌握的主流技术,企业对先进技术的掌握程度,企业现场管理所采用的软件,等等。

3. 以多轮头脑风暴确定教学性工作任务

头脑风暴是一种非结构化的问题解决方法,但同样也需要具有科学的流程。由于参与头脑风暴的专家主要为企业人员,人员成本较高,因而多数职业院校在对疑难问题的研讨中都采用了一次性头脑风暴的方式。但是,这种方式存在一些弊病:由于参与讨论的专家事先准备不足,提出的结论有时不够准确;由于时间限制、问题过于复杂和个人性格等方面的原因,一些与会专家未能充分发表意见;对于少数人的不同意见无法进行详细分析,可能会忽视一些重要结论等。采用三轮以上头脑风暴的方式,可以对讨论的问题逐步深化,最大限度地达成共识。参加讨论的企业专家应该保持基本稳定,但可以更换少量知识结构和工作经验不同的专家,从而使会议结论更加全面。

4. 以教育科学方法厘清课程目标

确定课程内容需要依靠企业专家确定,但对于课程目标和教学方法,需要依靠课程专家和专业教师来确定。目前许多课程目标不够完整、准确,主要原因就是缺少课程专家的参与。在课程目标方面需要重点解决的问题包括:巧妙设计态度、情感、价值观目标,实现价值引领与知识传授、技能训练的融合;准确设计认知目标,落实知识"必需、够用"的原则;合理设计通用能力目标,培养学生的跨职业迁移能力。为了提高专业教师的教学设计能力,应该将先进技术培训与教育教学能力培训并重,提倡职业院校教师进修教育硕士学位。

5. 以教学实践实现课程标准完善

高质量的课程标准不是一蹴而就的,在编制完成课程标准后,需要通过教学实践发现标准中存在的问题,经过反复修改最后使得标准趋于完善。试点工作中应该设计《课程标准试用反馈表》,由任课的专兼职教师在课后记录发现的问题,并提出合理的修改意见。为了保证课程标准的科学性,一般应该经过三所以上学校试用。事实上,由于企业的技术是不断变化的,课程标准的修改完善也是一个长期的过程,每三年至少需要进行一次大的修订,每年应进行一次小的修订。

第二节 现代学徒制课程标准制定工作重点

为了实现上承人才培养方案及下启课堂教学方案的功能,准确选定课程目标和课程内容,现代学徒制课程标准开发不仅要遵循严格的开发流程,同时还应抓住开发中的重点、难点问题,突破一些薄弱环节,保证课程标准在整体上适应企业的技术数字化、信息化、智能化需要。

1. 落实立德树人要求

在现代学徒制人才培养中,需要通过学生(学徒)在职业院校和企业的学习,得到认知、技能和情感的三重提升。

首先,需要引导学生正确认识中华民族优秀的技术文化。我国在 2000 年前就已实行

"车同轨",开启了标准化的先河,一直引领技术的发展。直到18世纪蒸汽机引发工业革命,我国的生产技术才开始落后于西方世界。随着信息革命的来临,世界正在面临百年未有之大变局,中华民族一定能走在世界前面。

其次,需要正视我国在现代技术上与发达国家的差距。我国有过灿烂的技术文明,但同时也要充分认识到工业革命以后我国走向衰落的历史,正视在制造业核心技术上与发达国家的巨大差距。只有有勇气承认落后,才能知耻后勇、奋起直追;盲目自大、自欺欺人,是缺乏文化自信的典型表现。

最后,需要引导学生正确对待国产品牌。我国在核心技术领域是落后的,但并不代表我国的制造能力是落后的,目前我国的制造业生产规模是世界上最大的。教师应该引导学生正确认识国产品牌的价值,特别是在新能源、新材料和智能制造领域取得的成就,能够从内心认同国产品牌。

2. 推进课程数字化转型

制造业数字化转型是大势所趋,也是我国后来居上的希望所在。推动职业院校专业课程数字化改造,是当前课程内容改革的一项重要任务。课程的数字化转型主要包括以下几个方面:一是通用技术,让学生掌握数字化时代各专业、各行业人员都需要的信息化素养和数字化技术,如计算机的操作和使用、文档的编辑处理、编程语言的使用和简单的程序开发等,涉及的内容包括工程信息学和数字化技术基础、计算机操作与使用、数据处理的基本操作等。二是应用类技术,主要是指数字化时代的新兴技术在行业的应用,如 AI 和大数据技术的应用,涉及的内容包括:远程故障诊断与维护、无人驾驶、卫星导航、车联网技术、5G通信、智能传感器等。三是设备维修专用技术,主要是指数字化时代行业所特有的新技术和新工具,如大数据分析软件使用、网络会诊技术、企业资源管理和现场管理软件等。

课程数字化转型应该坚持学以致用的原则,充分体现职业教育的类型特征,课程标准中的教学内容选择和教学目标确定以能够应用于企业近期工作为准则。由于我国地域广阔,各个区域发展很不平衡,课程标准中的内容应选择国内主流技术,并给各地职业院校一定的可选择性。

3. 制定课程项目化教学的基本策略

专业的项目化教学改革在职业院校是较为成功的,但在现代学徒制课程标准开发中仍需要解决许多重点问题。

一是从仿真项目教学向实景化教学的转变。职业院校内部实训室主要采用专为教学设计的仿真实训设备,尽管使用非常方便,提高了教学效率,但故障需要由教师人为设置。而企业接触到的都是实际发生的运行故障,而且故障的出现带有很大的随机性。这就为教学项目内容和实施顺序带来了很大的改变。

二是由部分工作过程向完整工作过程的转变。校内实训一般无法接触到顾客,更无法听到顾客对修理结果的评价。学徒过程则完全不同,学徒不仅要学会与顾客打交道,而且这是提高维修质量的关键环节。故障修理所采用的技术路线,是维修人员与顾客共同制定的,因而接待顾客,听取顾客评价,是实际工作过程必不可少的组成部分,这些都是在校内实训室无法完成的。

三是由学校教师评价向企业导师评价的转变。学校教师与企业导师的评价重点有很大不同,学校教师更加关注学生对知识的掌握程度,注重"诗和远方";而企业导师更加关注维修成本和经济效益,注重"钱和当下"。因此,学徒制课程标准中的学习成果评价除了常规的评价内容之外,还应该包括材料消耗、用工时间、顾客满意度等指标。

第三节　现代学徒制课程标准实施问题

课程标准是一种实用性文件,开发的目的在于应用。由于学徒制课程标准具有一些新的特征,在实施过程中也会遇到一些新的问题。使用中的问题如果不能妥善解决,就会影响到教师对课程标准的认同度,降低学徒制试点的效果。

1. 校企双方教学协同

现代学徒制中的两个育人主体是协同工作的,整体的效果大于双方效果之和。根据哈肯的协同学理论,协同效应来源于取长补短、优势互补。当前的学徒制试点工作中,需要重点解决几个问题:一是校企之间在人才培养上的合理分工,确定哪些课程和项目应该由企业实施,哪些课程和项目应该由学校实施,尽可能避免出现学校教师去企业指导实习而企业师傅在学校讲课的现象。二是形成合理的课程顺序和教学流程,一般应把认知实习放在理论课程之前,模拟实训放在实景练习之前,简单项目放在复杂项目之前。三是合理利用职业院校的实训室设备和虚拟仿真设备,学校实训室教学具有理论教学与实践教学一体化的特点,具有企业实景培训所不具备的优势,在现代学徒制试点中应该尽可能多地安排一些在实训室实施的非生产性项目。校企双方的协同仅靠协议是无法实现的,协同式人才培养方案和课程标准是实现相互协作的重要条件。特别是那些由校企双方联合实施的项目,更需要形成详细而合理的教学方案,配备沟通能力较强的人员,充分发挥学校教师和企业导师的现场协同作用。因此,校企双方应该高度重视课程标准的开发和应用,设计好教学过程的每一个细节,防止流程不合理而出现教学损失。

2. 多重融合的教学团队

职业院校实行理实一体化教学,要求教师兼具理论教学能力和实践教学能力,在教学实践中实现两种能力的融合。但是,对于这种要求不能进行简单地理解,要求职业院校教师成为理想的"全能型"教师,这样不仅需要极高的培养成本,而且完全没有必要。即使在德国这样实行"双元制"职业教育的国家,实践指导教师的理论素养也远远低于我国职业院校教师。按照系统科学理念,教师队伍建设应该根据整体的教学目标进行一体化设计,而不是仅仅从教师个体出发。一支每名球员素质都很好的球队,未必就是最优秀的球队;最优秀的球队需要取长补短,形成团队优势。我国职业院校注重对每位教师的培训,但忽视了教师团队管理和整体化建设。从现代学徒制实施的需要来看,最重要的是实现职业院校专职教学团队与企业兼职教学团队的协同,学校教师以理论教学为主,兼具实践教学能力;企业兼职教师以实践教学为主,兼具理论教学能力。这种组合优势是世界职业教育的一般经验,具有内在规律,一些简单化做法是对规律认识不深的表现。事实上,无论是学校教师还是企业兼职教师,无论是理论教学还是实践教学,都需要具备传统技术知识与信息技术知识的融合。这种多重融合的教学团队,应该是一种事半功倍的教师队伍建设方式。

3. 企业培训质量监控

构建人才培养质量监控机制是提高现代学徒制试点效果的必由之路,也是落实课程标准的重要措施。设计再精细的课程标准,也不可能包容每一个细节。质量监控机制的作用,就是监督实施者充分发挥积极能动性,以高度的责任心实现方案的预期效果。课程标准是静态的,而课程标准的实施是动态的。如果没有严格的监控机制,课程标准就无法得到全面落实。由于企业在人才培养工作中缺乏足够经验,当前对于学徒制人才培养的质量监控应该将重点放在企业培训质量上。实施职业技能等级证书制度,既是课程标准开发的重要依据,也是监控学徒质量的重要措施。

第四章 基于现代学徒制的产教融合型企业标准与实施策略

针对我国现代学徒制企业教师、设备和制度条件不足的问题,从中国特色现代学徒制框架的形成出发,以问题解决为导向分析了企业主体在人员、设备、技术、组织和文化等方面应具备的基本条件和评价标准,认为应该从内涵特征和外显特征两个维度确定产教融合型企业的认定标准;提出产教融合型企业的培育建设过程是由单一生产功能的传统企业向"生产—教育"双重功能的新型企业转化的过程,需要对企业组织的目标、功能、结构、资源等进行教育化改造;建议将企业教育化改造的重点任务放在人员适应性改造、设备适应性改造和管理机制适应性改造三个方面,以师傅队伍为"慢变量",以技术技能创新工作室为载体,以企业内部产教融合机制为重点。

现代学徒制是一种国际通用的技术技能人才培养制度,其基本特征是职业院校与企业双元育人,学校课堂学习过程与工作岗位学习过程协同进行。也就是说,具有职业教育功能的企业与职业院校一样是实施现代学徒制的前提条件。但是,由于我国目前的职业教育基本上以职业院校为实施主体,企业的实践教学条件相对不足,这成为影响现代学徒制实施效果的一个关键因素。根据现代学徒制实施条件要求,制定产教融合型企业的人员、设备和制度等方面的标准和建设方案,是当前现代职业教育发展与改革中的一项迫在眉睫的任务。

第一节 现代学徒制对企业的基本要求

现代学徒制培养模式要求企业具有生产和教育双重功能,并在组织目标、组织结构、运行机制和资源配置方面实现两种功能的融合,具有这种特征的企业就是产教融合型企业。显而易见,不是所有企业都具备实施现代学徒制的条件,只有经过教育化改造才能使得传统企业达到规定要求。

根据对 35 家全国现代学徒制试点单位的访谈结果分析,承担现代学徒制任务的企业至少需要具备以下要求。

一是生产技术较为先进。由于我国企业正处于转型升级阶段,技术水平参差不齐,一些企业开始采用智能化技术,也有一些企业仍然保持传统的低效生产工艺。只有选择技术较为先进的企业作为学习场所,培养的技术技能人才才可能适应未来工作的需要。譬如,学生仅仅学会了单台电梯的安装与维修技术,对于多台电梯联动的安装与维修就束手无策。按照技术发展趋势选定学徒制企业,对于处于转型期的发展中国家显得尤为重要。

二是具有合格的师傅团队。企业师傅是较长时间从事某种职业活动,具备了丰富的技术实践经验和心得体会,能够为新入行人员进行指导的人员。企业师傅既是先进技术和娴熟技能的载体,又是实践教学的主体,是一种具有复合知识和技能结构的特殊专门人才。简言之,基本要求就是"能干会讲"。据2018年1月的统计,我国技能劳动者超过1.65亿人,占就业人员总量的21.3%,但其中高技能人才只有4791万人,占就业人员总量的6.2%。① 这种人才结构导致我国企业师傅数量整体不足,目前能够担负产教融合功能的企业十分有限。

三是工艺较为完整。为了满足职业院校学生终身职业发展和生产过程综合化、智能化的需要,需要培养其跨岗位的工艺设计能力和工艺实施能力,以复合型技术技能人才作为基本培养目标。受我国传统发展方式下技工培养模式的影响,一些职业院校在现代学徒制试点中采用了单一岗位、单一师傅、单一证书的培养模式(如汽车维修企业希望学徒长期稳定在一种车型的工作岗位上,从而提高生产效率),不仅限制了学生的职业发展,而且很难适应智能制造企业的工作环境。因此,实施现代学徒制培养的企业需要具备较长的工艺链,使得学生能够在职前学习阶段学习较宽的技术技能且具备融会贯通的能力。

四是企业规模较大。一般而言,企业规模与人员规模为正相关,大型企业具有较多数量的师傅,对新员工的需求数量也较大,培训工作的单位成本较低;规模较小的企业或者师傅数量不足,或者培训成本过高,不适合作为产教融合型企业。调查中发现,有的企业一名师傅带十几名徒弟,显然是受了学校班级授课制的影响。大型企业通常处于产业链的主导地位,是某种产品的生产组织者和标准制定者,对大量的中小型供应商具有引导和辐射作用,承担着一定的行业组织职能,自然就更适合承担人才培养功能。特别是在目前我国以职业院校为基本主体的条件下,班容量较大是普遍现象,与小企业的合作存在容量不匹配的问题。因此,选择大中型企业作为现代学徒制企业既符合经济规律,也符合人才培养规律。

五是培训组织完善。在企业开展现代学徒制人才培养涉及师傅管理、学徒管理、培训管理、技能考核、培训工作与生产工作的协同以及校企协同等方面的工作,需要有一支较为熟练的培训管理队伍。一些规模较小或技术创新能力较弱的企业,多数尚未建立起较为完善的内部培训体系,即使具有一定数量的师傅,也很难组织有效的现代技术培训,更难与职业院校协同工作。相对于师傅队伍建设,培训组织建设更容易被人忽视。加强企业培训组织和培训管理队伍建设,既是企业转换发展动力的需要,也是建设现代学徒制企业的必要条件。

六是发展目标明确。人才培养不仅是企业当前生产所需要的必要环节,更是实现未来可持续发展的根本措施。企业是否按照科学方法制定了中长期发展规划,具有明确的发展目标和保障措施,是现代学徒制活动能否有效开展的基本判据。当仅从短期效益考虑时,企业会重点关注校企合作对生产成本的影响;而当企业从长远发展目标考虑时,就会更加重视员工素质提升对生产效率提高的影响。② 从实践效果来看,缺乏长远发展规划和成长性的企业,在现代学徒制和顶岗实习等项目实施中存在着许多风险因素,可能导致"有工作

---

① 今后"技术蓝领"会更吃香[EB/OL].http://news.cctv.com/2018/01/25/ARTIox7lVqyeXWfkZlSRUxAH180125.shtml.
② 潘海生,赵琳琳,冉桃桃.企业参不参与,关键看能否收获人才[N].中国教育报,2016-09-06.

无学习"的结果,造成对学生(学徒)权益的损害。

七是社会责任感强。由于目前我国人才流动性较强,企业培养技术技能人才主要归因于行业需求动机,需要组织者具有社会担当意识和教育情结。访谈中发现,有的学徒制企业对于拟留用学徒与为其他企业培养的学徒,采取了有差别的方式,导致部分学徒的不满。我国具有2000多年的儒家文化传统,一个成功的企业需要做到"己欲立而立人,己欲达而达人",主动承担行业引领责任,而不是采用西方的"零和博弈"。参与技术技能人才培养,是儒家精神和君子风范在当代企业的具体反映。

第二节 产教融合型企业的基本评价标准

国家发展改革委员会、教育部联合发布的《建设产教融合型企业实施办法(试行)》提出:"产教融合型企业是指深度参与产教融合、校企合作,在职业院校、高等学校办学和深化改革中发挥重要主体作用,行为规范、成效显著,创造较大社会价值,对提升技术技能人才培养质量,增强吸引力和竞争力,具有较强带动引领示范效应的企业。"[①]判断一个企业是否属于产教融合型企业,主要从内外两个方面进行考察:一是看其是否具备作为职业教育主体的内部条件,具有实施人才培养方案内在可能性;二是观察企业的历史行为表现,看企业是否在校企合作人才培养中取得了良好的外部效果。从根本上说,产教融合型企业的基本特征是内部资源得到综合利用,能够发挥出生产资源和教育资源双重功能。现代学徒制作为一种产教融合的技术技能人才培养模式,集中体现了对产教融合型企业的基本要求,其实施条件和效果可以作为制定产教融合型企业标准的基本依据。

(一)内涵评价标准

内涵评价标准是指企业内部的人员、设备、技术、信息、管理、文化等资源的先进程度和丰富程度,是判断产教融合型企业功能的内在依据。一般而言,企业资源的先进性、充足性越高,产教融合的功能就越强。

1. 人员标准

人员是态度、知识和技能的载体,也是产教融合型企业的主导因素。对于职业教育而言,产教融合型企业需要具有一支既能从事技师或工程师工作,又能从事实践教学工作的"教练型""双师型"教师队伍,作为实践教学工作的主体,也就是俗称的"师傅"队伍。从总体来说,企业教师数量需要与教育规模相适应,使得生师比保持在3∶1左右,制造类企业的生师比应该低于服务类企业;从个体来说,企业教师应该热爱教育事业,能够为人师表,在品德、知识、技能和业绩方面都应达到较高要求,并具有较强的沟通和交流能力。[②]

产教融合型企业师傅标准见表4-1。

---

① 国家发展改革委员会、教育部关于印发《建设产教融合型企业实施办法(试行)》的通知[EB/OL].http://www.ndrc.gov.cn/zcfb/zcfbtz/201904/t20190403_932600.html.

② 崔发周.现代学徒制的三个基本实践问题[J].工业技术与职业教育,2016(1):19-20.

表 4-1　产教融合型企业师傅标准

标准要求	基 本 内 涵
爱岗敬业	热爱本职工作，为人正派，对培养青年人才有热情，职业道德素质较高，无严重违纪行为；
技术高超	具备处理复杂技术问题的能力，业绩较为突出，具有中级以上技术职称或技师以上职业资格
善于表达	沟通和表达能力较强，能够在工作现场和网络学习平台上形象地讲解技术知识，善于对青年职工"传、帮、带"
勇于创新	具有终身教育理念，学习能力和创新能力较强，不断吸收本职工作所需要的新知识、新技术、新工艺
熟悉教法	接受过专门的职业教育方法培训，熟悉项目教学法和示范模仿法
协同工作	具备与理论教师合作制定实施培训方案的能力，能够及时发现和解决培训过程中出现的问题
精力充沛	身心健康，能坚持正常工作，男 60 岁以下、女 55 岁以下

爱岗敬业、技术高超、善于表达是对企业教师的基本要求，可以通过业绩考核、现场考察等方式来评价；勇于创新、熟悉教法和协同工作能力是对企业教师的较高要求，可以通过书面测试来考察。

2. 设备标准

企业生产设备既是生产技术的载体，也是职业学习的工具。一般而言，每个工位至少应有一台设备，并容纳一名学徒，产教融合型企业应该具有与学徒数量相当的生产设备。企业生产设备应为近 10 年内国内先进企业生产的新型设备，或是经过了智能化改造的高性能设备。

产教融合型企业设备标准见表 4-2。

表 4-2　产教融合型企业设备标准

一级指标	二 级 指 标	内　　　涵
设备总量	可用于学徒使用的设备	数量充足，高于同行业平均水平
	可利用生产设备总值所对应的学徒平均拥有的工位数	每名学生人均一个工位以上
技术性能	技术先进程度	采用了智能化、信息化、自动化技术，符合"中国制造 2025"规定的发展方向
	区域内普及程度	同行业 20% 以上企业开始使用类似设备，技术寿命在 5 年以上
	设备完好程度	完好率在 90% 以上
	安全与环保水平	不存在严重环境污染问题

3. 技术标准

技术是职业学习的内容，是制定课程标准的基本依据。判断一个企业是否适合开展职业教育活动，需要重点考量企业主流生产技术、工艺与"中国制造 2025"对接的程度以及在行业中的地位。当前我国企业整体上处于转型升级过程中，技术发展速度快，变化剧烈，少数企业已经处于国际领先地位，但也有相当一部分中小型企业仍处于机械化向电气化过渡的阶段,这种高度混合的阶段特征也进一步说明了制定产教融合型企业技术标准的重要性。由于人才培养具有超前性,产教融合型企业必须是区域内的先进企业,所采用的技术在短期内不具备可替代性。譬如,具有流水生产线的批量生产企业已经采用工业机器人智能制造技术;动车组、船舶等单件小批量生产企业,在焊接技术方面已经达到世界领先水平;服务类企业已经采用大数据处理技术,能够实现最优化的精准服务。

产教融合型企业技术标准见表4-3。

表4-3 产教融合型企业技术标准

基本要求	基本内涵
区域先进	在区域同行业有一定影响,参与制定地方技术标准,产品市场占有率高
区域领先	在区域企业中具有引领作用,主导制定地方技术标准,拥有技术研发机构
国内先进	在国内同行业有一定影响,参与制定国家或行业技术标准,拥有发明专利
国内领先	在国内同行业名列前茅,主导制定国家或行业技术标准,进入国内500强
国际先进	在全球同行业中有一定影响,参与制定国际技术标准,拥有发明专利数量在行业内名列前茅
国际领先	在全球同行业中具有引领作用,主导制定国际技术标准,进入全球500强行列

4. 管理标准

管理水平是企业发展水平的综合体现,决定着企业的发展方向和发展速度,同时决定着职工个人的职业发展和价值实现。由于管理人员的培养周期较长,我国企业的管理水平的差异远大于技术水平的差异。总体来看,我国已有少量企业达到了现代管理水平,人力、资金、设备、技术、信息等要素的利用效率达到了较高水平,但相当一部分企业管理较为落后,不少企业还处于经验化的试错管理水平,特别是一些资本密集型企业,尚未形成被社会认可的企业管理文化,管理效果很不理想。由于管理的落后,一些企业的优秀人才和先进设备都无法充分发挥作用。作为产教融合企业,应该能够培养员工的社会责任感和工匠精神,让员工学会在优秀的企业文化中协同创新,成为名副其实的"人才摇篮"。

产教融合型企业管理标准见表4-4。

表4-4 产教融合型企业管理标准

一级指标	二级指标	基本内涵
管理理念	管理思想	坚持社会主义核心价值观,主动承担社会责任,热爱祖国,诚信经营,质量至上
	管理重点	强调职工的全员创新,选人用人导向正确,能够维护员工合法权益
管理组织	治理结构	坚持党的领导,具有法人治理结构,员工责权利清晰,员工创造性得到鼓励
	机构设置	采用扁平化组织结构,质量保证体系完整,摆脱家族治理和家长制作风
管理方法	标准管理	充分利用信息技术手段,进行管理标准认证,生产和管理流程合理
	文化管理	积极建设学习型和创新型企业。企业愿景和目标现代化,并得到员工认同,文化传播系统有效

5. 文化标准

文化建设是企业发展水平的集中体现,也是产教融合型企业合格与否的最终体现。企业文化是社会文化的重要组成部分,反映一个企业的基本态度和精神特质,具有相对独立性。

将企业文化与学校文化有机融合,是职业教育的基本特征之一,也是培养现代工匠精神的基本要求。先进的企业文化能够将社会发展、企业发展和员工发展融为一体,注重实现利益相关者的平衡和经济的正向溢出效应,而不是单纯地追求经济利益。优秀的企业文化可以对学生的职业精神和专业精神产生良好的熏陶作用,而落后的企业文化将会阻碍学生的全面发展。譬如,在一个违规排放工业废水、废气的企业,学生既无法学到绿色生产的技术知识,也不可能受到企业的关爱。

产教融合型企业文化标准见表4-5。

表4-5 产教融合型企业文化标准

一级指标	二级指标	基本内涵
精神文化	企业宗旨	具有社会责任意识,以技术进步引领社会进步
	企业精神	坚持社会主义核心价值观,创新务实,诚信经营
制度文化	发展规划	有中长期发展规划,发展目标明确
	质量监控	有完善的质量保证体系,产品质量上乘
	现场管理	实施了5S管理,生产作业井然有序
行为文化	节能减排	生产环境优美,无恶劣生产环境
	文化氛围	环境布置合理,职工协同创新

(二)外显评价标准

国家发展改革委、教育部印发的《建设产教融合型企业实施办法(试行)》提出了产教融合型企业的建设培育条件,并规定"建设培育企业要制定并向全社会公开发布产教融合、校企合作三年规划,并需经过至少一年的建设培育期"。认证标准应该在建设培育条件的基础上,经过深化、转化、优化而成。首先,要经过调查研究,细化产教融合、校企合作的具体内容,从企业规划、生产、营销各个环节和决策、管理、实施各个层面提出校企合作的分层分项要求;其次,分析影响校企合作效果的直接和间接因素,对企业资本、人员、设备、技术、知识、设施、管理等各种相关要素的利用提出可检测的认证标准要求;最后,根据现代产业体系发展和职教改革深化的新要求,不断补充完善建设内容和认证要求,对实训基地建设、师资队伍建设、课程教学建设和技术研发等方面不断提出更高的要求,在动态发展中形成具有中国特色的产教融合企业认证标准体系。

根据已有校企合作活动和现代学徒制试点的经验,在企业参与职业教育活动及其外部效果方面应该达到以下要求。

1. 具有稳固的校企合作平台

企业建设的校企合作平台主要包括两个方面:一是企业通过独立或合作举办了职业院校、企业大学、培训中心等形式的教育培训实施机构,面向本企业、本行业开展技术技能人才培养和职工培训服务,形成了长效化教育培训机制;二是主导或参与组建了行业性、区域性产教融合(职业教育)集团,形成了产教融合、校企合作活动的规划、协调和评价机制,保证了产教融合活动的创新、协调、绿色、共享、开放发展。各种平台组织经过了政府管理部门或者第三方社会组织的审核备案,具有合法的成立和运行程序。

2. 育人主体作用充分发挥

企业已经显著具备了职业教育和培训功能,并且与企业的生产经营功能相互协调。与企业院校合作开展现代学徒制和企业新型学徒制人才培养,具备了按照人才培养方案实施生产性项目教学的能力,达到了国家颁布的专业教学标准;以现代学徒制、订单培养等方式与职业院校共同开发专业人才培养方案和课程标准,校企共同开发专业教材和网络教学资源,提高了职业院校教学活动的针对性和有效性,学生就业创业能力明显增强;建设期内每年接收职业院校(或应用性高校)学生实习实训,并具有15人以上规模。

3. 在职业能力评价方面发挥重要作用

充分发挥企业的人员、技术、设备优势,独立或者与职业院校合作开展职业能力评价工作,形成了行之有效的评价方法和评价程序,并积极承担实施1+X证书制度试点任务,相应证书在社会上影响较大。职业能力评价活动不仅提升了企业产品质量,也促进了相关职业院校和企业人才培养质量的提升,成为职业院校教学改进的重要依据。

4. 积极促进职业院校毕业生高质量就业

企业将整体发展与员工发展相协调,建立了规范的人力资源管理制度,能够实现人尽其才、才尽其用,形成了良好的人才成长环境。根据企业发展需要,积极吸纳具有相应培训证书的职业院校毕业生就业,其中规模以上企业年均达到100人以上,工作岗位与专业基本对口,促进了职业院校毕业生的职业发展。新就业人员稳定度较高,80%以上的职业院校毕业生能够在企业自愿工作5年以上,且成为企业的业务骨干,达到了预期的人才培养目标。企业适度进行人才储备,形成了技术转型升级与员工队伍转型升级相匹配的管理机制,达到了创新型企业要求。

5. 形成了职业教育投入机制

企业是职业教育重要的育人主体,也是职业教育重要的投资主体。产教融合企业的职业教育投入主要包括两个方面:一是用于企业内部职工培训的职工教育经费;二是以开展混合所有制办学、校企合作共建产教融合实训基地、向职业院校捐赠教学设施设备、建立企业奖学金等方式为社会提供的职业教育经费。根据产教融合企业的功能要求和国家相关政策①,产教融合企业的职工培训经费应为企业工资总额的2.5%～8%,向社会投入的职业教育应达到100万元以上。通过"投资于人",形成企业可持续发展的理性机制。

6. 校企之间建立了技术转化的合理链条

校企共育生产企业产品的人才,也可以共同设计和改进企业生产的产品。在技术创新体系中,普通高校是科技研发成果的供给方,职业院校和应用性高校担负着原始创新成果转化和产品开发的任务,而企业则担负着应用技术产业化的最终任务。企业应该与职业院校共建技术协同创新中心,根据企业发展需要设立技术研发项目,通过继发性试验、开发、推广,直至形成新产品、新工艺、新材料,实现技术创新的预期目标。

---

① 财政部、税务总局关于企业职工教育经费税前扣除政策的通知(财税〔2018〕51号)[EB/OL]. http://www.chinatax.gov.cn/n810341/n810755/c3439400/content.html.

产教融合型企业的根本价值在于融合,将优质的生产资源应用到人才培养活动,通过员工创新能力的提升反过来再促进产品质量提升,通过系统边界的拓展和资源的综合利用实现最佳状态的共享发展。

第三节 产教融合型企业的建设策略

产教融合型企业的培育建设过程是由单一生产功能的传统企业向"生产—教育"双重功能的新型企业转化的过程,需要对企业组织的目标、功能、结构、资源等进行教育化改造。教育化改造的重点任务是人员适应性改造、设备适应性改造和管理机制适应性改造三个方面。

1. 企业教师队伍建设

企业教师队伍(师傅队伍)建设是产教融合型企业建设的"慢变量",决定着企业教育化改造的进程。就像学校中必有一支教师队伍一样,企业缺少一支训练有素的师傅队伍就无法实施教育职能。企业师傅并不是独立的职业岗位,而是在原有技术技能工作岗位上承担新的职责,由单纯的生产职责转变为生产和教育双重职责。选择部分德技兼备的优秀生产技术人员,通过培训增加其培训方法的知识和技能,完成对于新职能的适应性改造,是企业教师队伍建设的基本任务。

工作时间积累是员工技术技能积累的基础,是企业教师队伍建设的直接影响因素。在当前企业转型升级的条件下,职工队伍大规模的动态调整,人员向着年轻化、综合化、高端化的方向发展,技术技能积累相对不足。这种背景带来了我国企业教师队伍建设的三个特点:一是师傅队伍平均年龄较低,多数师傅与学徒之间的年龄差距较小,双方易于沟通,但需要依靠教学相长完成企业的技术积累和技能积累;二是部分岗位人员较少,缺乏可选择性,带来了"一岗双责"的强制性,增强了对职工综合能力的要求;三是师傅本身需要具备较强的学习能力和创新能力,能够适应技术革命带来的变化,否则就会由于师徒双方技术能力的此消彼长而影响师徒关系。企业的新型师傅是一种高素质的复合型人才,需要经过系统化的培养过程和严格的认证标准。

建设现代化的师傅学院是加快企业教师队伍建设的重要措施。根据发达国家的经验,全面掌握技术培训的知识和技能,需要6个月以上的学习[1]。由于具有最完整的产业体系,职业院校在校生规模庞大,对企业师傅的需求量也很大。目前,我国职业院校专任教师大约为150万人[2]。由于人才培养方案中实践教学的比重不低于50%,且实践教学需要采用更具个性化的组织形式,因而全国职业教育要求师傅数量在500万~800万人。对于这样一个庞大群体的培训,需要建设专门化的培训机构,并开发专门的课程,采用理论与实践一体化的项目化教学方法。国家应该鼓励普通师范大学、高水平普通大学积极创造条件开展企业师傅培训。

---

[1] 王婀娜,姜大源.德国企业教师资质条例[J].中国职业技术教育,2012(10):89-90.
[2] 2018年全国教育事业发展统计公报[EB/OL].http://www.eol.cn/news/yaowen/201907/t20190724_1673928.shtml.

2. 企业生产场所和设备的教育化改造

企业生产场所和设备是发挥企业教育功能的重要条件,也是开展校企合作教育的基本依据。由于我国拥有 39 个工业大类、191 个中类、525 个小类,形成了一个举世无双、行业齐全的工业体系,是全球唯一拥有联合国产业分类中全部工业门类的国家,同时也拥有全球规模最大的现代职业教育体系,因而不可能在职业院校内部建设起适应需要的生产性实习实训体系。在企业建设职业教育实践教学基地,不仅是世界职业教育的通行做法,更是中国特色现代职业教育体系最具经济性、科学性、可行性的选择。

与单纯的生产经营性企业相比,产教融合型企业的生产设备及场所需要有两点改变:一是建立技术技能创新工作室,配置最为先进的技术设备,为实现科技研发成果转化而进行流程再造,同时为包括职业院校学生在内的学习者提供新技术学习条件;二是利用物联网、人工智能、大数据、云计算等技术手段,对生产设备进行改造,既实现生产过程优化,又获得生产技术过程的可视化映射,使得生产现场和创新工作室成为工业网络中的两个重要节点,为学习者认识、分析和归纳技术规律提供技术条件。特别是对于智能制造设备的维修人员而言,这种基于现代信息技术的实践学习是必要手段。

由于产教融合企业具有正向溢出效应,政府应该通过税收减免和财政补贴等措施,对企业设备的教育化改造给予政策支持,并集中财力对职业教育技术设备研发企业给予重点扶持。

3. 产教融合型企业机制建设

企业功能的改变必然伴随着管理机制和管理流程的变化,这种变化将会体现在三个方面。一是企业教育和培训活动子系统的运行与管理,保证教育功能的实现;二是企业生产子系统与教育培训子系统的协调,保证企业系统总体目标和功能的实现;三是企业系统与职业院校系统之间的协调,在更大范围内保证产教融合系统的功能实现。

相应地,产教融合型企业至少应该建立三个方面的运行机制。

(1) 企业内部教育培训机制。企业内部教育培训职能的强化,是人力资源管理发展的必然结果,也是实施产教融合战略的基本要求。产教融合型企业的培训教育工作既有内部职工教育,又有面向社会的公益性培训。企业应该以促进转型升级为目的,以内部教育培训资源的规划、配置、开发、利用为基本任务,以提高教育培训质量为重点,建立相应工作机构和工作制度,不断完善教育培训子系统的功能。企业教育培训机构的基本职能是:根据企业经营发展总体规划,制定企业培训规划和年度培训工作计划,不断开发内部人力资源;依据企业员工培训目标要求,制定教育培训各项规章制度,明确各项培训工作标准;依据标准对各项培训工作进行考核,建立相应激励机制和惩戒机制;加强企业培训教师队伍建设,制订企业教师培训能力提升计划,不断提升培训工作者素质;开展职工素质调研,总结培训成果,推广培训经验。

(2) 企业教育培训与生产活动的协调机制。企业的基本功能是为社会提供高质量的产品和服务,教育培训是实现基本功能的有效手段。企业教育培训工作需要适应和促进总体目标的实现,与规划设计、生产技术、人力资源、财务管理、市场推广等部门协同工作,成为企业创新发展的推动力量。企业是一个典型的人机系统,人力资源与机器设备之间具有相互替代性。随着智能制造的不断发展,企业资本密集程度和技术密集程度将会不断提高,而低端技能人才和普通工人将会随之减少;相反,对设备安装、调试、维修人员的数量要求和技术要求都会增加,具有较高知识水平和问题解决能力的一线技术技能人才将变得十分紧缺,也就是说,现代技术技能人才与传统的工程技术人才之间的差距正在缩小。现代企业培训需要按照"产品升级规划—技术升级规划—人力资源发展规划—教育培训规划"的逻辑,实现培训链与产品链、技术链、人员链的紧密对接,提高一线人才的技术素质。人员培训工作滞后于技术升级步伐,员工将会不适应生产需要,导致"设备低效性"人机失衡;但人员培训过度超前,必将降低针对性和有效性,造成"人员低效性"人机失衡。

（3）校企合作人才培养制度。由于智能制造对员工知识和综合素质要求提高,需要职业院校对上岗前的预备员工开展必要的基础性、知识性、综合性培训,促进员工队伍向知识型、创新型转化。校企合作人才培养是在岗培训与脱岗教育相结合的制度设计,是企业利用社会公共资源的一种重要途径,也是政府税收"返还"的一种形式。企业的校企合作人才培养制度包括资源与计划类、标准与控制类、实施与协调类、效果评价类等方面。资源与计划类制度是预备类制度,保证人才培养所需要的人员、设备和场所等物质基础条件,其中师傅的选拔与培养制度尤为重要;标准与控制类制度是基础性、环境性制度,保证人才培养活动所需要的方案、办法、要求等信息基础条件;实施与协调类制度解决运行过程中出现的问题,对预定的目标和方案进行适当调整,并及时补充相应条件;效果评价类制度是全面的质量保证制度,保证实现校企双方的预期目标。一般而言,校企合作制度应由校企双方协商制定。

第五章 现代学徒制"双师型"教师标准

"双师型"教师作为职业教育领域最具中国特色的一个基本概念,已经广泛出现在政策文件和学术文献中,对于彰显职业教育的类型特征起到了重要作用。然而,看似一个十分简单的概念,却出现了众所纷纭的局面,因此在《国家职业教育改革实施方案》中通过加括号的方式对这一概念进行了解释①。在理论认识不够清晰的条件下,"双师型"教师的培育路径和实践效果必然会受到大量偶然因素的影响。尽快厘清"双师型"教师的概念,合理设计"双师型"教师的培育途径,是我国职业教育改革与发展中具有基础性、关键性和前导性的一项重要任务。甚至可以说,"双师型"教师队伍的发展方向,决定着整个职业教育的发展方向。

第一节 几种典型观点辨析

理论是在实践中产生的,又要接受实践的检验。由于传统生产方式下职业教育实践的局限性,对"双师型"教师概念的理解难免会出现一些偏差。我国职业教育进入新时代,面临着第四次工业革命加速、新一代信息技术广泛应用、生产组织方式发生重大变革的环境,职业教育改革实践将会出现新的内容,对"双师型"教师概念的理解也必将不断深化。下面就职业教育界出现较为频繁的几种论点进行一些辨析,希望有助于加深对"双师型"教师内涵的理解。

1. 具有企业实践经历的教师是否为"双师型"教师

事实上,"双师型"教师概念的提出,是为了与普通院校教师加以区分,突出职业教育的类型特征。职业教育需要培养直接工作在生产一线的技术技能人才,要求毕业生具有合格职业能力,必然会要求专业教师具有更高水平的职业能力。社会对职业院校的不满,一个重要的方面就是毕业生实践能力差。当前我国职业院校的教师实践能力普遍偏弱,是导致毕业生实践能力弱的重要原因。在这种条件下,人们自然而然地认为具有企业实践经历的教师就是"双师型"教师。"自2019年起,除持有相关领域职业技能等级证书的毕业生外,职业院校、应用型本科高校相关专业教师原则上从具有3年以上企业工作经历并具有高职以上学历的人员中公开招聘。"②之所以做出这一规定,目的就是加速"双师型"教师队伍建

---

① 国务院关于印发国家职业教育改革实施方案的通知[EB/OL]. http://www.gov.cn/zhengce/content/2019-02/13/content_5365341.htm? from=singlemessage&isappinstalled=0.

② 教育部等四部门关于印发《深化新时代职业教育"双师型"教师队伍建设改革实施方案》的通知[EB/OL]. http://www.moe.gov.cn/srcsite/A10/s7034/201910/t20191016_403867.html.

设,弥补当前专业教师实践能力的不足。但是,尽管职业院校教师与普通院校教师具有不同的特征,但仍然具有教书育人的本质属性,需要掌握职业教育规律和技术技能人才成长规律,是一种专业性很强的特殊职业。职业院校教师与企业工程技术人员的根本区别,就在于教师的工作对象是人,而工程技术人员的工作对象是物。因此,企业技术人员未经教育学培训,很难直接成为合格的教师,当然也就不能成为"双师型"教师。

2. "双师型"教师是否为"一体化教师"

所谓"一体化教师",就是同时具备理论教学和实践教学能力的教师。那么,"双师型"教师一定是"一体化教师"吗?回答是否定的。是否采用"一体化教学方式",与人才培养模式有关。在产教融合、校企合作机制不够完善的条件下,企业参与职业教育的积极性较弱,尽管各个职业院校较普遍地采取了顶岗实习的方式,但企业人员的实践教学指导作用并没有充分发挥。为了弥补校外实践教学的不足,我国职业院校在课程改革中创造出了"理实一体化"教学方式,这对于提高人才培养质量起到了一定的促进作用。但是,这种教学方式具有很大的局限性,对于资源环境类专业、钢铁冶炼和石油炼化类专业、技术条件特殊的专业以及生产性实训成本较高的专业,都无法在校内做到"理实一体化"。① 对于我国这样一个工业门类齐全的制造业大国来说,在职业院校全面形成生产性实践环境,技术上不可能、经济上不可取、社会上不认可。当然,这并不否定在职业院校开展一些工艺性的基本技能训练,但就整体而言,采用校企分工合作的方式完成人才培养过程更为合理。以德国为代表的"双元制"培养模式,就是采用了学校以理论教学为主、企业以实践教学为主的方式。"做中学"的培养过程,主要是在企业工作岗位上边学边做的过程。因此,"一体化教师"只是"双师型"教师的一种特定类型,并非所有的"双师型"教师都是"一体化教师"。

3. "双师型"教师队伍建设的重点是否在职业院校

我国的"双师型"教师队伍建设是从职业院校开始的,培养的重点也是职业院校专业教师。但是,从现代学徒制试点的实践来看,职业人才培养需要有学校教师和企业教师(师傅)组成的"双师教学团队",而相对于学校教师队伍而言,企业教师队伍更为薄弱。如前所述,企业人员需要经过教育学培训以后才能承担人才培养工作,但我国指导顶岗实习的企业人员多数还不具备教育教学能力和技术培训能力,更不具备相应的资格证书。更为严重的是,我国目前还没有形成企业教师培养的长效机制,产教融合型企业刚刚开始培育,整个社会尚未对企业教师培养做好必要的准备。因此,在推行现代学徒制的大背景下,"双师型"教师队伍建设的薄弱环节在企业而不是职业院校,建设重点是企业教师队伍而不是职业院校教师队伍;政府改革发展管理部门应该与教育行政管理部门协同努力,重点建设一支德技双馨、一岗双责的专业化企业教师队伍。

4. 专业理论课教师是否需要成为"双师型"教师

按照校企合作的合理分工,职业院校的专业教师主要从事专业理论教学,企业教师主要从事实践教学。那么,职业院校的专业理论课教师需要成为"双师型"教师吗?回答是肯定的。尽管专业理论课教师不直接从事实践教学,但其教学目标是指向职业实践的,要求

---

① 崔发周.工学结合人才培养模式的基本功能与实现形式[J].工业技术与职业教育,2015(4):17.

教师掌握生产技术规律,熟悉基本生产过程。职业教育教学的这种针对性、具体性、实践性不仅体现在实践教学中,也体现在整个人才培养过程中。有一种观点认为,目前职业院校的大部分专业教师理论教学能力较强,而实践教学能力不足。这种认识是非常片面的,不利于职业院校师资队伍的科学发展。职业院校教师主要从事理论教学,但应该具备从事实践教学的基本能力,一名不具备实践教学能力的教师,不可能成为优秀的专业理论教师,也不能很好地实现与企业教师的协同工作。

5. "双师型"教师是否需要有统一的标准

标准是概念体系向实践体系过渡的桥梁,是职业教育走向现代化的基础。只有通过标准化才能准确地评估专业教师的合格程度,并以此确定培训目标和培训内容,全面提升职业教育教师队伍的专业化水平。在职业院校教师实践能力普遍偏低[1]和企业教师教学能力普遍偏低[2]的条件下,如果没有统一的、强制性的国家标准,就必然会出现"双师型"教师队伍建设的随意性和低效性。同时又应该看到,不同专业领域、不同教育层次对"双师型"教师的要求具有很大的差异,高等职业教育、高新技术领域对技术知识水平要求较高,而中等职业教育、传统工业领域对操作技能的要求较高。中职学校的优秀专业教师未必能够适应高职院校的教学要求,高职院校的名师也未必能从事中职学校的实践教学。因此,"双师型"教师标准既要有一定的刚性,又要体现出必要的弹性,应按照应用技术大学、高职高专院校和中职学校的不同层次和专业大类分别制定教师标准。

第二节 "双师型"教师的科学内涵

理论是为实践服务的,一个科学的概念应该能够概括实践活动的本质特征。事实上,"双师型"教师就是职业教育合格教师的代称,如何定义"双师型"教师,就要看职业教育改革和发展需要什么样的教师。从总体来看,"双师型"教师应该是既掌握职业教育规律,又掌握生产技术规律的教学人员。根据现代学徒制实施分工的需要,"双师型"教师又可以具体化分为职业院校专任"双师型"教师、企业兼职"双师型"教师等不同的类别。

1. 职业院校专任"双师型"教师

现代职业教育离不开职业学校,学校教师队伍是职业教育教师队伍的重要组成部分。长期以来,由于我国职业教育主要采用学校本位,通常将学校教师称为专任教师,而将企业教师称为兼职教师;在政府的相关统计中,目前仅有学校专任教师的统计数据,暂无企业兼职教师的统计数据。[3] 学校专任教师与企业兼职教师承担着性质不同的教学任务,其素质要求也有明显的不同。从现代学徒制试点经验来看,职业院校教师主要承担校内教学任

---

[1] 黄学勇,杨晓敏.职业院校专业教师实践能力的表现及其培养途径[J].教育与职业,2016(10):65.
[2] 谢莉花,尚美华,余小娟.现代学徒制背景下我国企业师傅队伍建设需求及策略研究——基于德国经验的分析[J].中国职业技术教育,2019(9):47-48.
[3] 2018年全国教育事业发展统计公报[EB/OL].http://www.eol.cn/news/yaowen/201907/t20190724_1673928.shtml.

务,以理论教学及基本技能训练任务为主,因而在素质要求上以理论教学为主,以实践教学为辅。

所谓职业院校专任"双师型"教师,就是主要从事职业院校理论课教学及基本技能训练,具备较强的理论教学能力和必要的实践技能,能够与企业教师协同完成人才培养任务的教师。2013年教育部颁布的《中等职业学校教师专业标准(试行)》,较详细地规定了中职学校专业教师应达到的要求。这一标准不仅是中职学校"双师型"教师队伍建设的重要依据,也对高职院校具有重要的参考价值。参照上述标准,职业院校专任"双师型"教师的基本要求应包括以下几个方面。

一是具有先进理念和高尚师德,落实立德树人根本任务,关爱、尊重和信任学生,重视学生的全面发展,能够为人师表。

二是具有相应的专业知识,熟悉技术技能人才成长规律,掌握所教专业涉及的职业资格及其标准、知识体系及其发展脉络,掌握所教课程的理论体系、实践体系及课程标准,以及信息化教学所需要的现代技术知识。

三是具有适应教学需要的专业能力,能够根据培养目标设计教学目标和教学计划、基于职业岗位工作过程设计教学过程和教学情境,应用现代教育技术手段实施行动导向教学,合理开展学生评价,并能够针对教育教学工作中的现实需要与问题进行教学研究。[①]

简单地说,职业院校专任"双师型"教师应具备职业教育教学知识和所任专业知识、理论教学能力和一定的实践教学能力。

目前职业学校专任"双师型"教师培养较多地关注了企业生产技术实践能力方面的不足,而对职业教育知识和理论教学能力有所忽视。

2. 企业兼职"双师型"教师

在现代学徒制背景下,企业教师(师傅)处于关键地位,是"双师型"教师队伍建设的重要对象。从总体上看,企业教师主要承担实践教学任务,通过"做中学"的方式让学生熟悉完整的工作流程,在工作中有针对性地传授必要的技术理论知识。在目前的改革试点中,存在着以下不规范行为:一是将企业人员引入职业学校兼任理论课程,以"兼职教师"弥补校内专任教师数量的不足;二是未经培训就让企业人员指导实践教学,学生在实习中不能有效地获得师傅的经验;三是职业学校的一些专任教师到企业指导实践教学,忽视了"缄默知识"的传授。

所谓企业兼职"双师型"教师,是指熟悉生产技术规律和技术技能人才成长规律,掌握必要的职业教育和培训知识,在完成本职工作的同时指导学徒生的企业人员。由于我国现代学徒制试点时间不长,且试点规模相对较小,企业教师队伍尚在培育阶段,符合要求的"双师型"企业教师更为稀缺。从德国"双元制"的经验看,企业"双师型"教师具有以下基本特征:既要具有自己负责培训的职业所要求的技能、知识和能力,又要具有基于职业教育和劳动教育的教育教学能力,要求企业教师具备在行动领域独立从事培训工作的计划、施行和控制的能力;须熟悉企业的整个工作流程,以工作流程为导向向受训者传授专业能力;

[①] 教育部关于印发《中等职业学校教师专业标准(试行)》的通知[EB/OL]. http://old.moe.gov.cn/publicfiles/business/htmlfiles/moe/s6991/201309/xxgk_157939.html.

需要通过包括理论和实操两部分的考试。① 因此,企业"双师型"教师是一种理论与实践能力都较强的复合型人才,在个人品德、知识宽度和能力范围上都比一般高技能人才有着更高的要求,这种要求只能通过必要的学习和培训才能达到。

企业"双师型"教师与学校"双师型"教师的最大区别,就是企业教师需要工作在生产和教育两个领域,而学校教师主要工作在教育领域。相对而言,企业教师比学校教师有着更高的要求,需要更长的培养周期。由于目前我国尚未出现典型的产教融合型企业,也缺乏企业教师(师傅)的资质标准,对企业教师的认识较为模糊,导致实践中企业教师的选拔具有很大的随意性,甚至一些服务类企业将领班等现场管理人员视作企业教师,极大地影响了现代学徒制的试点效果。

3. "双师型"教学团队

"双师型"教学团队是在特定条件下职业院校专任教师与企业兼职教师形成的合理组合,既是系统科学思想在职业教育师资队伍建设中的重要体现,也是"双师型"教师个体发展不充分条件下的一种必然选择。有学者认为:"整体向上式发展策略旨在建构效率最佳的'双师型'教师队伍。效率最佳的'双师型'教师队伍体系结构,即在特定的客观条件之下,建立一支结构合理、运转灵活的教师队伍,以保证教育任务的高效完成。"②"双师型"教学团队可以充分发挥职业院校专任教师的理论教学优势和企业兼职教师的实践教学优势,从整体上实现职业教育师资配置的最优化,从人员上体现出职业教育的双元特征。

在现代学徒制试点过程中,"双师型"教学团队通常有三种工作方式:一是合作开发教学方案和教学资源,包括专业人才培养方案、课程标准、专业教材、网络教学资源、技能鉴定题库等;二是聘请企业兼职教师担任实践性课程,包括校内实训和企业实习;三是专兼职教师同台授课,相互取长补短,形成整体优势。这种做法看似增加了人力资源成本,但由于简便易行,节省了师资培养成本,成为我国职教师资队伍建设的合理选择。"双师型"教学团队建设的实质,就是采用系统科学的方法,通过人员的合理分工和组织协调,实现职业教育内部不同子系统的协同工作,以适应职业教育与培训的特定要求,是职业教育管理现代化的一个重要方面。

"双师型"教学团队的发展过程,就是逐步由理论教师与实践指导教师的组合转向企业兼职"双师型"教师与学校专任"双师型"教师的组合,这是一个职业教育师资队伍建设的现实过程。换言之,学校专任"双师型"教师和企业兼职"双师型"教师都不是孤立发展的,双方相互伴随成长,学校教师为企业教师传授教育教学知识,企业教师为学校教师传授实践工作经验。教师个体的双师素质是建设高水平"双师型"教学团队的基础条件,"双师型"教学团队是教师专业化发展的必然结果。这种既相互补充又相互促进的"师资共同体",与现代电子工程中的"PN结"非常相似,可称为职教师资队伍建设中的"PN结效应"。

---

① 董显辉.德国企业培训师资质标准及其对我国学徒制师傅队伍建设的启示[J].职教论坛,2016(27):87.
② 张弛,张磊.高职院校"双师型"教师队伍的概念辨析与建构策略[J].教育与职业,2013(9):22.

第三节 "双师型"教师培育的具体路径

"双师型"教师的培育对象在职业院校和企业两个领域,二者的职业特征、素质要求、培育重点均不相同,因而存在不同的培育路径。我国在职业院校"双师型"教师建设方面已经做了大量的探索,也积累了许多宝贵的经验。2006年启动的国家示范性高等职业院校建设计划要求新进教师一般应具有2年以上企业工作经历,且在3年建设期内,确保专业教师的双师素质比例达到90%以上;2010年启动的国家中等职业教育改革发展示范学校项目要求"双师型"教师占专业课教师的80%以上。2016年教育部等七部门印发的《职业学校教师企业实践规定》强调,"职业学校专业课教师(含实习指导教师)要根据专业特点每5年必须累计不少于6个月到企业或生产服务一线实践,没有企业工作经历的新任教师应先实践再上岗";2019年教育部等四部门印发的《深化新时代职业教育"双师型"教师队伍建设改革实施方案》,更是明确规定"自2020年起,除'双师型'职业技术师范专业毕业生外,基本不再从未具备3年以上行业企业工作经历的应届毕业生中招聘"。这些措施均是针对职业院校教师(特别是新进教师)而制定的。但是,如何实现政策目标,在实施层面还需要探索具体的操作路径,特别是对于企业教师队伍建设,还有大量问题值得研究。从2019年起,职业院校教师的增量部分与存量部分将体现出完全不同的特征。职业院校新增教师实践能力问题基本解决,但教育教学能力培养问题凸显出来;原有职业院校教师仍然存在实践能力不足和教学能力不足两大问题,提高专业化水平将是一个长久的过程。

1. "双师型"教师教育教学专业能力培育路径

学校教师和企业教师都具有育人职责,需要具有立德树人、为人师表的能力。特别是对企业兼职教师和来自企业的学校专任教师而言,工作对象从面向生产工具和生产材料转到面向生龙活虎的学生,面临的是一个巨大的挑战。教师要具备现代信息技术条件下的教育教学知识与能力,需要经过一个系统的培训过程。

首先,制定学校专任教师和企业兼职教师专业能力标准。根据现代学徒制实施主体的职责分工,以及不同教育层次的培养目标,分别制定学校教师和企业教师的专业能力标准,以此作为教师培训和考核的基本依据。通过教师专业能力的标准化,促进教学过程和教学资源的标准化,提升职业教育服务现代产业体系构建的能力。教师专业标准需要考虑产业转型升级的要求,并适当领先于经济发展;需要参照发达国家职业教育师资标准,并适当领先于发达国家。政府应出台相应政策措施,要求所有教师在规定期限内达标,改变目前职业教育教师专业化水平参差不齐的状况。由于我国东西部职业教育发展很不平衡,西部地区职业教育师资队伍相对较为薄弱,在"双师型"教师队伍建设过程中,既要有统一的国家资格标准,以促进东西部职业教育协同发展,又要考虑西部地区职业教育发展的现实情况,保持职业教育发展的连续性和平稳性,防止"欲速则不达"。

其次,新建或改建一批职业教育教师学院。与现有的职业技术师范院校不同,职业教育教师学院主要招收准备从事职业教育教学工作的企业人员和达不到标准的职业院校教师,而不是没有企业工作经历的普通高中毕业生。也就是说,职业教育教师学院主要开展职业教育教师资格培训和专业能力提升培训,而不是开展某一层次的学历教育。由于参加学习者在生产技术实践能力上已经具备了相应要求,职业教育教师学院主要传授教育学、职业技术教育学的一般知识,训练学员的教学目标和教学过程设计能力、专业课程和教学资源开发能力、现代教育技术和行动教学方法运用能力以及学生学习成果的评价能力。此外,职业教育教师学院还需要培养学员开展教学诊断和教学研究的能力,使他们能够在教学工作中及时发现问题,分析问题,解决问题,不断提升教学质量。这种具有成人教育性质的职业教育教师学院可以由普通师范大学在内部组建,也可以由职业技术师范大学或高水平的师范专科学校改建,逐步发展成为我国师范教育中的一支特殊力量。

最后,建立职业教育教师持证上岗制度。将"先达标、后上岗"作为职业教育教学的一项基本制度,以此作为提升职业教育教师专业化水平的基本保证。为了实现职业院校教师专业能力达标,需要全面提升职业院校内部治理能力,实现管理工作标准化,以高标准的管理建设高标准的教师队伍;与此同时,要加速产教融合型企业建设,将企业兼职教师队伍建设作为产教融合型企业建设的重要内容和必要条件。对于企业职工,国家应建立职业教育师资课程免费培训制度,鼓励优秀工程技术人员和高技能人才通过学习获得职业教育教师资格。为鼓励职业教育教师持证上岗,国家可对获得职教教师资格证书的人员给予一定奖励。

2. "双师型"教师生产技术实践能力培育路径

解决职业院校现有教师生产实践能力不足的问题,需要创造实施教师培训计划的全面条件。一是合理制定符合职业院校教学特点的教师编制标准和办学经费标准,适当保持教学人员的冗余度,将生师比降到10:1以下,使教师到企业实践具有时间保证;二是确定产教融合企业的法定职责,制定职业院校教师到企业工作的申请办法和管理规定,形成简便易行的工作流程,使教师到企业实践具有制度保证;三是制定教师到企业实践的考核办法,使得教师具有提升专业化水平的内生动力和外在压力,确保取得预期成效。如果仅仅停留在一般性的政策宣传层面,而不能形成相应的运行条件和运行机制,就很难实现预期的政策目标。

在企业建立职业院校教师流动工作站,是当前实施教师到企业实践工作的具体措施。要保证职业院校教师到企业实践能够"出得去",既要求在教师数量上保持10%以上的冗余度,又要建设必要的实践场所。在正在培育阶段的产教融合型企业中,设立必要的校企合作机构,配备一定的人员和设备条件,成为职业院校教师实践学习的基地,应该成为产教融合型企业的认证条件之一。企业教师流动工作站的主要功能包括:接受职业院校教师实践学习申请,与教师签署实习和考察协议,并为教师实践锻炼提供必要的指导;为来企业开展技术服务的教师提供必要的工作条件和服务措施,科学管理教师的技术研发成果,促进校企协同技术创新;作为校企合作的联络站,向职业院校提供用人需求信息。从职业院校的角度看,专业教师轮流到企业教师流动工作站实践,既可以了解企业发展的技术需求,又可以追踪毕业生的工作情况,使得教学工作向前后两端延伸,真正形成专业教学系统的闭环运行。

在市场经济条件下,企业教师流动工作站需要建立必要的成本分担机制。由于企业教师流动工作站具有较强的公益性,政府应该给予必要的财税政策支持。一是按照教师实践工作量大小给予一定的财政补贴（政府劳务采购）；二是对于达到合格标准的企业教师流动工作站，可以根据实际运行成本抵扣部分企业应缴纳的教育附加费。同时，政府应允许职业院校的部分办公设备在企业教师流动工作站使用。作为教师生产技术实践能力提升的重要措施，职业院校应将"到企业实践"实行项目化管理。学校人力资源部门应制订教师队伍建设的中长期规划，确定整体发展目标、基本工作任务和主要保障措施；各个专业群需要根据产业发展需要，明确具体的重点实践项目，合理选择实践场所；教师个人需要依据课程目标和自身条件，制订详细的项目实施计划，列出需要调研的问题清单，利用网络资源做好相应的知识准备。教师企业实践项目的完成情况，应作为年度绩效考核和奖励晋级的重要依据。

3."双师型"教学团队协同能力培育路径

学校教师与企业教师协同工作，是实施现代学徒制的基本条件，也是提高职业教育质量的主要瓶颈。提高职业院校教师和企业教师的协同工作能力，是建设"双师型"教学团队的中心内容。校企两部分教师如果不能协同工作，即使校企双方投入更多的资源，最终效果也会大打折扣。提高"双师型"教学团队协同能力，需要在明确立德树人根本目标的前提下，从三个层次建立协同工作机制：一是构建产教融合联盟或职业教育集团，职业院校和企业共同制定"双师型"教学团队建设目标，并建立起常态化的校企对接机制和工作协调机制，及时解决团队建设工作中遇到的问题，为专兼职教师提升协同工作能力创造条件；二是完善校企双方分工，制定校企协同的人才培养方案，重点发挥职业院校的理论教学优势和企业的实践教学优势，实现学校培养方案与企业培养方案的对接，避免出现"两张皮"的局面；三是构建专业教学协调委员会等机构，协调解决教学活动中出现的日常问题，实现理论教学与实践教学过程的紧密对接，促进理论教学成果与实践教学成果的相互转化，在具体活动层面最终达到效果最优化。提高职业院校和企业的内部治理能力，充分利用大数据、人工智能和新一代移动通信等现代信息技术，实现校企双方教育活动的制度化、标准化、程序化，是"双师型"教学团队协同工作的基础，也是"双师型"教学团队协同能力提升的基础性工作。

总之，采用以现代学徒制为基本培养制度的校企双元培养模式，需要建立起相互协同的职业院校教师队伍和企业教师队伍。当前，企业教师的教育教学能力和职业院校教师的生产实践能力是职业教育师资队伍建设的"两块短板"，也是"双师型"教师队伍建设的重点。建设职业教育教师学院，是提高企业教师专业化水平的重要措施；在企业建设职业院校教师流动工作站，是提高职业院校教师专业化水平的重要措施。在提高专兼职教师个体素质的基础上，提高"双师型"教学团队的协同工作能力是"双师型"教师培育工作的最终目标。

第六章　工作手册式教材的基本特征与改革策略

　　职业院校教材改革是"三教"改革的重要内容,正在成为当前职业教育研究的一个热点。工作手册式教材的基本特征是加强了学校教学与企业工作的联系,突出了职业教育教材的类型特征,具体表现为教学目标需求导向、教学内容工作任务导向、编写主体双元组合、教学方法学生本位、教材功能动态生成和教材封装活页形式等方面;推动工作手册式教材改革,关键是通过基于工作过程的课程改革提炼出教学内容载体,构建双元编写团队形成组合优势,利用现代信息技术完善教材内容呈现方式。

　　教材改革是实现学徒制育人方式的必要条件,是落实专业教学标准和课程标准的具体路径,也是职业院校教师深度参与职教改革的基本途径。教材改革的重要意义在于,固化和呈现教学改革成果,促进职业院校的内涵发展,促进职业教育校企合作体制机制的完善,促进中国职业教育话语体系的形成,提升中国职教发展模式的全球影响力。明确工作手册式教材的基本特征和改革要求,是有效推进职业院校教材改革的重要问题,对于彰显职业教育的类型特征及保障职业教育高质量发展具有重要意义。

第一节　工作手册式教材的内涵

　　《国家职业教育改革实施方案》提出:"建设一大批校企'双元'合作开发的国家规划教材,倡导使用新型活页式、工作手册式教材并配套开发信息化资源。"在国家政策的强力推动下,各个职业院校对教材工作空前重视。编写工作手册式教材的目的是提高职业院校教育教学的针对性,实现工作任务与学习任务的对接、工作标准与学习标准的对接、工作过程与学习过程的对接,突出职业教育教材的类型特征。工作手册式教材不仅是实现形式上的改变,更重要的是实现教材内容的改变。因此,编写工作手册式教材,理解其内涵具有基础性作用。

1. 工作手册

　　工作手册是企业内部为了提高职工工作效率和工作质量而设计的一种指导性文件。

　　工作手册的内容主要包括组织文化、组织机构图、业务部门工作职责、工作人员岗位工作职责、工作标准、工作流程等。工作手册的基本功能包括以下方面:一是信息沟通功能,让新入职的员工迅速适应企业文化,熟悉工作要求;二是质量保障功能,通过展示部门职责、岗位职责、工作标准等规定,促使员工按照标准履行职责,保证企业总目标的实现;三是工作指导功能,通过工作规程的展现和工作经验的共享,促进员工不断提高工作能力;

四是绩效考核功能,人力资源部门对照岗位职责检查任务完成情况。

2. 工作手册式教材

工作手册式教材是一种以"做中学"为特征的职业院校教学用书,具有工作手册和教材的共同特征。工作手册式教材内容满足学生在工作现场学习的需要,提供简明易懂的"应知""应会"等现场指导信息;同时,又按照技术技能人才成长特点和教学规律,对学习任务进行有序排列。

推进工作手册式教材编写工作,对于我国的职业教育改革具有综合作用。首先,深化职业教育教学改革,使之更加趋于精细化、实效化,完成改革的"最后一公里",让学生在改革中受益,实现职教改革的最终目的;其次,使一线教师深度参与到教学改革中,调动基层教师的积极性和创造性,将课程改革成果转化为教学改革成果;再次,通过教材编写检验课程改革理论的合理性,修正一些空泛的、武断的乃至错误的改革理论,从实践中完善具有中国特色的课程理论;最后,工作手册式教材使得中国特色职教模式的推广有了更加有效的载体,有利于推进职业教育国际合作。

与传统教材相比,工作手册式教材的最大特点是丰富了工作过程中需要的指导性信息,剔除了工作中不需要的陈旧知识,拉近了产教之间的距离,因而需要随着工作过程的变化及时修订教材内容。

第二节 工作手册式教材的基本特征

职业教育改革的基本方向是产教融合、校企合作,工学结合、学做合一,改革针对的问题主要是与产业发展对接不够紧密、企业参与的积极性不高、教学内容过于陈旧、实践教学环节较弱等方面。普通教材一般采用认知系统化的编排结构,而职业院校的专业教学主要以工作任务作为课程内容,其教材应探索工作过程导向的工作手册式编排结构。准确认识和把握工作手册式教材的基本特征,对于促进职业院校教学改革、教材改革和教师发展无疑都具有重要意义。事实上,新型活页式、工作手册式教材是职业教育教学规律的本质回归,也是职业院校提高人才培养质量的内在要求。

从我国职业院校教学改革和教材建设的实际来看,工作手册教材的基本特征和编写要求主要包括教学目标需求导向、教学内容工作任务导向、编写主体双元组合、教学方法学生本位、教材功能动态生成、教材封装活页形式等方面。

1. 教学目标体现需求导向

在过去相当长的一个时期内,职业院校过于强调学生的一技之长,在教学中存在严重的短期行为,忽视了学生的终身职业发展和产业转型需要。这种理念表现在教材中,一个突出特征就是片面的技能本位教学目标设计,文本上采用"在什么条件下利用什么工具完成什么操作"的句式。这种目标设计能够适应劳动密集型产业工艺稳定的特征,但不适应第四次产业革命背景下个性化、精益化生产的需要。为了培养智能制造所需要的新一代产业技术人才,必须将"知识、技能、价值观"的多元目标融入教学项目中,实现传统项目教学的转型升级。

在教学目标设计上，当前应该强化两个方面的内容。一是强化价值引领，突出教学的思想性和目的性，在教学任务中融入工匠精神、创新精神、质量意识、环境意识，实现"课程思政"与专业教学的深度融合，让学生明白为谁学习、为谁工作，也是为中华民族复兴准备高素质人力资源；二是强化现代技术知识学习，突出人工智能、大数据技术、物联网技术、区块链技术等新技术应用，实现新一代信息技术知识与传统技术知识的深度融合，为产业转型升级和现代化经济体系构建输送新生力量。这种全面化教学目标设计反映了新时代职业教育的必然要求，是职业教育转型升级在教材编写工作中的具体体现，也是职业教育高质量发展的根本性要求，这对于教材编写者无疑是一个重大考验。

2. 教学内容体现工作任务导向

教学内容选择和编排以工作任务为导向，这是工作手册式教材最基本的特征。尽管职业院校的教学目标具有多元性，但这些目标需要统一在基于真实工作过程的学习性工作任务中，而不是按照目标分设不同类型的课程。通过调研梳理形成典型工作任务，经过教育化改造形成可实施的教学单元，进而按照教学规律整理出各个单元的教学目标、实施步骤、评价内容、课后练习等，这就是工作手册式教材编写的基本流程。工作手册式教材主要适用于生产性实训基地实施的项目化专业核心课程，如汽车电路维修、机械零件加工、工业机器人装调等，这些课程的基本特征是工作流程明确、工学结合紧密、学习成果可见。在工作手册式教材中，需要详细列出从工作准备到工作验收的完整工作流程，清晰地介绍各个步骤需要的工具、可能遇到的问题与处理方法，尽可能利用多媒体辅助材料形象化地还原工作现场。事实上，工作手册式教材并不能适用于所有课程，一些基础性、通识性、原理性的课程，尤其是那些知识体系无法碎片化的课程（如单片机应用），仍应采用"知识点＋应用案例"的教材编写方式。

3. 编写主体体现双元组合

校企双元组合的编写主体结构是工作手册式教材自身特点所决定的。在产教融合的大背景下，职业教育的课堂教学应该及时反映技术发展的最新动态，但学校教师与企业人员所掌握的生产技术信息是不平衡的，企业人员更了解技术发展现状和发展趋势，只有双方合作才能实现课程及教材内容的动态调整。为了编写出高质量的工作手册式教材，应该制定合理的编写流程，明确学校人员和企业人员的科学分工，简单化的"拉郎配"无法实现编写目的。对于技术类课程而言，应该选择熟悉生产现场作业的工艺工程师和高级技术员参与教材编写。

双元主体的教材编写方式是一种取长补短、优势互补的协同化工作方式，单靠企业人员或学校教师都无法实现教学目标和教学内容的编写要求。学校教师需要在教材政治方向的正确性、教学目标结构的完整性、教材内容的针对性、教材语言表达的规范性、编写人员结构的高效性、编写工作进度的合理性等方面起到保证作用，而企业人员应该重点提供转型升级对职业人员的素质要求、典型的生产工艺流程和案例、相应职业标准和岗位职责、现场基本素材等教材元素，并参与案例编写、资源制作、教材评价等工作。从总体上看，企业人员主要提供生产方的实际需求，而学校教师则按照教学规律对技术内容进行适当转化并合理编排,实质上是人才供需双方在人才培养目标和培养方式上达成共识的过程。

4. 教学方法体现学生本位

学生是学习的主体,也是未来职业活动的主体。智能制造对工作组织所带来的根本性变化就是岗位技能升级,低技能岗位被机器取代,而控制机器的高技能岗位应运而生。随着人工智能的大量应用,流水线装配工、机动车驾驶、银行出纳等低技能工作岗位将趋于消失,而设计导向的工作岗位则会大量增加。① 因此,职业院校的教学设计不能满足于企业生存的暂时需要,而是要让学习者具有终身性的技术适应能力,反映在教材中,不是依靠教师单向地传授知识和机械地训练技能,而应该让学生主动地在工作体验过程中强化对技术知识的理解,并获得运用知识分析问题和解决问题的能力。

工作手册式教材中的学习性工作任务是由教师安排的,但任务确定、方案设计、任务实施、成果检查都应该由学生亲身完成,并从中获得对知识和价值的理解,教师的作用由"教"变为"导"。教材中提供的是间接经验,而学生通过对教材的使用可以获得直接经验,这是工作手册式教材的典型特征之一。工作手册式教材中不仅要列举典型工作任务和典型案例,还要安排"课后思考""工作反思""我的预测"等环节促使学生主动思考,让学生学会举一反三,实现知识和技能的有效迁移,培养不同工作情境下通用的问题解决能力。

5. 教材功能体现动态生成

现代职业教育教材不仅要提供预设性资源,还应具备动态生成功能。这主要是因为,职业教育教学过程需要沟通学习者与现实工作世界的联系,而现实生产技术是动态变化的,所以,职业教育的教材就不可能是一成不变的。也就是说,教材的出版只是预设性资源汇集过程的完成,而由技术发展所提供的生成性资源汇集是一个永久进行的过程,在这个过程中,教材的内容和功能不断趋于完善。工作手册式教材就是一种不断地与技术发展同步的生成性教材,它与传统教材的最大区别就在于内容与目标的开放性、参与主体的多元性、使用周期的不确定性、要素组合的不稳定性和编创成果的不完美性。从教学系统内部来看,项目化教学作为一种工学结合的教学方式,教学内容是按照一定结构编排的工作任务或实际案例,而学生的学习结果也可作为一种鲜活、生动的教学资源。这些资源尽管不是由真实工作情境转化而来,但更加接近学生的"最近发展区",是一种特殊的教育化改造,因而是更为有效的教学材料。为了及时记录学习者的学习过程感悟和课后反思,工作手册式教材应该留下足够的空白;在每项任务的后部,需要设计合理的自我评价表和教师评价表,作为教材不可或缺的组成部分。在信息化教学条件下,学习过程会留下相应的文字、图表、音像、时空等丰富的信息,这些也是宝贵的生成性教学资源,是立体化教材的重要组成部分。强化教材的动态生成功能,反映了真实工作世界快速变化的必然要求,是目前教材开发的主要创新点之一。

6. 教材封装体现活页形式

以活页形式组织工作手册式教材内容,是实现其动态生成功能的合理选择。以硬质封面教材封装成册,可以保持内容的稳定性和易搜寻性,但却失去了易生成性。以活页方式

---

① 杨进.工业 4.0 对工作世界的影响和教育变革的呼唤[J].教育研究,2020(2):126-127.

呈现教材内容,可以方便地对某个部分进行补充和修订,能够更好地实现动态生成功能,充分地适应了工作手册式教材的特点。活页式教材还具备传统教材所没有的三项优势:一是可以采用更加开放的编写机制,让更多的人参与教材编写,使得每个单元都达到最优编写质量;二是形成一种多版本同时并行的立体教材形态,通过部分活页的调整适应不同区域经济技术特点;三是形成一种"无版次修订"方式,从技术上可以实现即时性动态修订。

根据教学的实际需要,活页式教材按照集中程度又可以分为三种具体形态:一种是典型活页式教材,以活页夹或档案袋方式保存各个单元的内容;二是分单元装订方式,将一个完整的教学单元进行装订,将易保存性和易生成性进行有机融合;三是采用补充活页方式,将保留教材基本内容的主干部分装订成册,而对部分变化性较强的内容以活页形式呈现。

总之,工作手册式教材集中体现了新时代职业教育改革的基本要求,在教材内容、教材形式和编写主体等方面都需要进行实质性改革,要求教材编写者具有强烈的改革意识和创新精神,应谨防落入形式主义的泥潭。

第三节 工作手册式教材的改革要求

推行工作手册式教材,是职业教育教学层面的一次重大改革,涉及教育教学理念、课程与教学模式、教师队伍结构、教育信息化等多个方面的重大调整。从当前职业院校改革与发展的实际来看,工作手册式教材改革需要具有针对性、先进性和立体性。

1. 坚持问题导向

编写工作手册式教材,必须针对现实中的重要问题。目前,在不合理人才评价和绩效考核机制作用下,许多职业院校教师都热衷于编写校本"特色教材",出版了一大批质量低劣、内容重复、阻碍改革的"规划教材",而将国家规划教材拒之门外。由于多数职业院校教师没有系统学习过职业教育教学知识,对教学方法一知半解,导致许多教材知识内容陈旧过时,编排结构缺乏条理,叙述逻辑较为混乱,甚至出现明显的知识性错误;有部分职业院校教材照搬普通高校教材,尽管采用了"项目""任务"的形式,但实质上并未完成基于工作过程的项目化改造。这种低劣校本教材有以下三大危害。

一是诱发教师的学术不端行为。由于这些教材未经国家严格审核,难免会出现抄袭、盗版、粗制滥造等不规范行为,甚至出现有偿挂名"主编"的现象。

二是扰乱了教材市场秩序。大部分校本教材以"包销"等形式从出版商流入职业院校,又在学生不知情的条件下在教学中采用,出现了"劣币驱逐良币"的现象。

三是助长了学校教学管理中的形式主义作风。一些学校教学管理者不顾教学质量提升对教材的应有要求,将校本教材出版作为改革政绩大肆宣扬,对职业教育高质量发展极为不利。职业院校教材之所以出现这种乱象,主要原因在于缺乏有效的教学质量监控体系,一些职业院校的教学管理者还不具备较为系统的职业教育教学知识,在教学质量监控方面只是着眼于表层问题,无力组织课程体系和教材体系的整体设计。①

教育部《职业院校教材管理办法》的颁布,对于矫正职业教育教材市场中出现的不规范行为,促进职业院校规范教学和教材管理,提高教师参与"三教"改革的积极性,无疑都具有重要作用。但是,要根治职业院校教材编写和选用中存在的问题,需要采取堵疏结合的原则,厘清教材改革与教师管理制度改革、教学改革的关系,重点提升教师的担当意识、创新意识和问题解决能力,培育出一支政治合格、业务过硬、特色鲜明的职教教材编写队伍。工作手册式教材开发处于教学改革和教材改革的前沿,具有较强的引领示范作用。通过工作手册式教材开发,一方面可以引导教师强化服务产业发展的理念,主动更新教材内容,密切与企业人员的合作,推进校企合作、工学结合的人才培养模式改革;另一方面可以倒逼教师掌握课程开发和教材开发的基本技能,学习职业教育教学的基本理论,推进教师绩效考核制度改革方法,促进教师专业化发展。

2. 坚持目标导向

《职业院校教材管理办法》提出:"专业课程教材要充分反映产业发展最新进展,对接科技发展趋势和市场需求,及时吸收比较成熟的新技术、新工艺、新规范等。""适应项目学习、案例学习、模块化学习等不同学习方式要求,注重以真实生产项目、典型工作任务、案例等为载体组织教学单元。"②工作手册式教材应满足工学结合人才培养模式创新和课程体系优化的需要,突出理论和实践相统一,选好教材内容的载体。尽管以国家职业教育"十二五"规划教材评选开始就强调以项目化、任务化为基本特征,有力地促进了专业人才培养模式改革,但随着新一轮工业革命的到来,如何实现职教教材内容和形式的创新,适应职业教育转型升级的需要,是一个新的重要问题。更为重要的是,职业院校教材应该符合技术技能人才成长规律和学生认知特点,在借鉴国际先进理念基础上突出中国元素,形成中国特色的教材模式。

国家职业教育"十三五"规划教材应该遵循"创新、协调、绿色、共享、开放"的发展理念,实现由粗放管理向精准管理的转型,全面提升教材质量,实现教学资源的供给侧改革。这就给工作手册式教材编写提出了很高的要求。

首先,工作手册式教材内容要适应新一轮工业革命的需要,强化人工智能、大数据、云计算、物联网等新技术的应用,促进"中国制造"向"中国智造"的转变。譬如,在机电设备维修领域,原来主要是在设备发生故障后通过现象诊断故障原因,但大数据的运用可以将设备运行过程数据完整记录下来,并实现自动报警,现场维修人员不仅可以通过数据分析快速修复故障,还可以实现故障预防,这就要求维修人员熟练掌握大数据分析技术。为了适应这一变化,教材编写人员需要具备"双元"结构,不仅校内编写人员要具备丰富的新技术知识和生产经验,而且要吸收部分企业工程技术人员参与编写。

其次,工作手册式教材应该统筹规划,适应技术技能人才系统培养的需要。传统的中、

---

① 崔发周.校本教材当"退烧"[N].中国教育报,2018-05-08.
② 中华人民共和国教育部.职业院校教材管理办法[EB/OL].http://www.gov.cn/zhengce/zhengceku/2020-01/07/content_5467235.htm.

高职教材是分别组织编写的,中职教材主要由中职学校教师编写,高职教材主要由高职院校教师编写。这种组织方式的主要优点是编写与使用紧密联系,出版的教材易于被职业院校所采用,但缺点是教材内容大量重叠,影响了技术技能人才培养的整体质量和系统运行效率。工作手册式教材是一种工作系统化的教材,应该按照人才成长规律统筹安排各个职业教育学段的内容选择,支撑现代职业教育体系的构建。目前,由于本科职业教育规模较小,工作手册式教材主要在高职院校和中等职校使用,做好中高职教材的衔接是一个工作重点。应该建立统筹规划机制,中职教材主要选择职业入门级的工作任务,高职院校侧重选择较为复杂的工作任务,鼓励高职院校教师主持中职学校教材的编写,促进中高职协调发展。

最后,要实现职业院校教育教材与企业培训教材的统筹协调,适应现代学徒制和企业新型学徒制改革的需要。目前,国家正在大力推行企业新型学徒制和现代学徒制,强化职业教育的类型特征,将学校教育教材与企业培训教材相融合,是推行学徒制的重要基础。工作手册式教材中的工作任务来源于企业实际生产和管理过程,但又经过了教育化改造,既可以用于学校教学,也可以用于企业培训,最适合于学徒制培养方式。企业培训教材的最大特征是针对性强、投入强度大,直接服务于企业的技术升级和产品开发,但也存在着通用性差、可持续性弱、对象面窄、目标不完整等不足。工作手册式教材在一定程度上可以克服培训教材的缺点,在保留内容针对性的前提下实现教育化改造,适应职业院校教育的需要。

3. 坚持立体化导向

第四次工业革命的特点是工业化与信息化的深度融合,这种特点必然会从产业领域延伸到职业教育教材领域,推进信息技术手段与学习性工作任务内容的全面融合。如此一来,职业教育的教学模式就具有了双重混合的特征,通过"网络学习空间人人通、专业资源校企通、优质资源班班通"的方式,实现线上与线下相结合的混合式教学;通过"学校企业双教学地点、教师师傅双教学主体、学生学徒双社会身份"的方式,实现学校理论教学与企业实践教学的混合式教学。传统教材主要以纸质形式呈现,不能清晰地展示立体设备结构和动态生产过程,而利用网络技术手段,将纸质教材与信息化教学资源紧密结合,可以形成新的教材形态,充分体现职业教育的特质。

工作手册式教材在教学资源建设中处于核心地位,可以实现学校企业沟通和线上线下沟通。以工作任务和工程过程为载体,以培养学生(学徒)综合职业素养和复杂问题解决能力为共同目标,构建立体化的混合式教材,学校教师为学生提供利用网络资源学习专业知识的学习策略,企业师傅为学徒提供借助网络资源积累经验的工作策略;学校教师帮助企业师傅提升教育教学能力,企业师傅帮助学校教师提升技术实践能力,在校企文化融合的基础上,同步递增知识技能的复杂性和多样性,实现学习策略和工作策略的协同、网络碎片化学习与项目化深度学习的协同(图6-1)。

职业教育规划教材的编写组织方式也需要有一个较大的改革。传统教材的编写方式是封闭的,而在"互联网+"时代,教材编写应该采用开放、共享的方式。国家应该设立职业

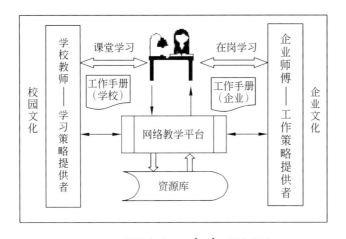

图 6-1 双重混合的立体化教学资源

教育教材公益基金,支持跨区域、跨行业、跨部门的多元化教材编写方式,打造一批具有中国特色的职业教育教材。① 推行工作手册式教材开发,是推行现代学徒制的重点工作之一。

---

① 崔发周.职业教育教材如何转型[N].中国教育报,2017-11-14.

第七章 现代学徒制模式下的职业院校行政管理绩效

我国正在推行的现代学徒制改革,对职业院校内部治理和行政管理提出了新的要求。职业院校内部行政管理是在既定的学校治理模式下,管理人员为实现组织目标而采取的资源整合与配置行动。行政管理现代化是职业院校治理结构和治理能力现代化的重要基础和效果体现,也是管理人员队伍建设的基本目标。没有管理现代化,就没有职业院校现代化,也无法有效推进现代学徒制。为了提高职业院校管理工作规范化、科学化、精细化水平,教育部于2015年发布了《职业院校管理水平提升行动计划(2015—2018年)》[①],但由于种种原因,这一计划并没有得到有效实施。如何提高职业院校管理层的工作绩效,实现职业院校管理工作与教学工作的协同创新,为专业建设和推行现代学徒制提供良好的制度环境,是一项具有基础性、关键性和政策性的工作。我国职业教育发展的特殊性决定了只有在现代学徒制试点成功经验的基础上,深入剖析职业院校管理中的现实问题,总结职业院校管理发展的经验,才能实现中国特色的职业院校管理现代化。

第一节 职业院校行政管理绩效困境的表层征象

职业教育是国民教育体系中的薄弱环节,职业院校内部行政管理则是职业教育中最为薄弱的方面,许多职业院校还没有建立起有效的人才培养质量保证体系,甚至在一些国家职业教育重大项目上的表现也令人失望。一些职业院校人员提出"教师治校""去行政化"的主张,一个基本原因是内部行政管理人员专业化程度低,行政管理效率低下,成为学校治理的"洼地"。发现和梳理职业院校内部行政管理的问题表征,是促进人才培养质量和管理绩效提升的基础。对照我国职业教育现代化和现代化经济体系构建对职业院校发展的要求,可以从职业院校管理的不同方面和各个环节发现一些不适应、不协调、不合理的现象。这些现象的总体特征是违背职业院校发展规律,管理绩效低下。

1. 计划指标严重脱离实际,目标无法如期实现

一名学生取得良好学习效果,需要选择处于"临近发展区"的学习材料和学习活动。一所学校、一个部门、一个项目,要取得良好的工作绩效,同样也要遵循客观规律,将目标的必要性与现实的可能性统一起来,既积极,又稳妥,实现稳中求进。作风浮夸、华而不实是职业院校计划能力低下的一种表现,必将削弱行政人员的管理能力,不仅无法完成不切实际

---

① 职业院校管理水平提升行动计划(2015—2018年)[EB/OL].[2020-05-17].http://www.edu.cn/edu/jiao_yu_bu/xin_wen_dong_tai/201509/t20150918_1317456.shtml.

的校内预期目标,而且不可能实现良好的校企合作。一些职业院校出现的弄虚作假、虚报瞒报现象,其实质是形式主义产生的"绩效泡沫",是职业教育中"GDP至上主义"的衍生品。

2. 缺乏科学分工机制,目标任务难以落实

现代职业院校是各个组成部分围绕组织目标协同工作的有机体,职能部门和实体部门的工作绩效必须与整体绩效联系才具有实际意义,不存在游离在职业院校之外的工作绩效。正是由于这个原因,一般管理学之父法约尔才把"分工"作为14项管理原则之首。但在实际工作中,由于相关管理部门缺乏科学管理理念,许多职业院校的职能部门分工模糊不清、似是而非,多数管理人员只能按照惯例机械地完成工作,导致所有管理部门和整所学校管理绩效大打折扣,个别领域实现绩效提升需要付出极高的外部成本。一种典型的错误做法是,当出现非常规性的新任务、新要求、新职能(如产教融合、中长期规划、章程制定、教师发展、创新创业教育等)时,临时决定将该职能赋予某一部门,而完全没有进行管理流程的系统设计和条件准备;对于一些需要部门之间协同工作的非常规任务,往往交给一个主办部门进行分工,而对主办部门的选择也带有极大的随意性。

3. 人职匹配混乱,管理人员无力履行职责

管理人员错配是职业院校内部管理中的常见现象,也是导致管理职能部门职责无法履行的重要原因。管理人员错配的具体表现有:人员招聘职位中不设管理人员岗位,将有限的人员编制用于教学岗位;学校将进入行政管理岗位作为教学业绩优秀教师的一种奖励手段,鼓励优秀教师从事行政管理工作;多数行政管理人员仍兼任专业教学任务,并评聘教师岗位专业技术职务,实行"双肩挑"制度;行政职能部门负责人实行定期轮岗,譬如,将总务部门负责人直接调整到教务管理部门,或者将学务部门负责人与财务部门负责人互换。[①] 这些现象的一个总体特征,就是未将行政管理作为一种专业化工作,而是视作一种无差别的程序性活动;管理人员主要按照政府部门规定和学校惯例开展活动,对绩效的关注主要是不发生重大失误,忽视甚至歧视改革创新的作用。

4. 责任无限制下移,导致下属无效工作

责权一致是基本管理原则,也是取得工作绩效的制度保证。但是,在专业化程度整体偏低的特定条件下,职业院校行政管理人员将责任逐层下压,造成最下层管理人员有责无权,形成了"小马拉大车"的现象,降低了整个组织的管理绩效。[②] 譬如,职业院校需要将产教融合、校企合作贯穿于人才培养全过程,制定人才培养方案的前期工作是调研企业的实际需求,合理确定人才培养目标和课程设置,应由校级管理层集中组织完成调研工作,并提供课程设置的指导意见,而事实上专业人才培养方案制定的全部工作常常由各个专业教学组织分别完成,不仅产生了大量重复性劳动,而且产生了因人设课等顽疾,削弱了服务区域经济发展的效果。

---

① 邢晖,邬琦姝,王维峰.高职院校内部治理结构现状及优化研究[J].国家教育行政学院学报,2019(2):34-35.
② 郭静.高职院校治理能力提升的现实困境与优化路径——基于73所高职院校的实证研究[J].国家教育行政学院学报,2016(6):38.

5. 缺乏过程管理，最终效果难以保证

过程管理是管理走向精细化、专业化、科学化的具体体现，也是保证最终工作绩效的可靠手段。全员、全面、全过程的质量管理，是日本企业实施全面质量管理的基本做法，对职业院校人才培养质量管理也有重要的借鉴意义。但是，全过程质量管理不仅要求具有现代数据处理手段，而且对管理人员的专业化水平也提出了很高的要求，对职业院校是一个很大的挑战。项目化管理是实行过程管理的一种方式。目前，许多职业院校在项目规划阶段常常提出不切实际的过高目标，在项目实施阶段忽视条件创设而一味追求资金使用进度，在项目验收阶段只能拆东补西。更有甚者，一些职业院校的"项目"完全没有方案，仅凭某种个人喜好任意调整。因此，缺乏实施过程管理的专业化人员，就不可能构建起有效的质量保证体系。

6. 考评机制虚置，人员绩效隐性化

一些职业院校在缺乏有效过程管理的条件下，对人员绩效考核采用互评为主的方式，凭主观印象进行打分，评价过程掺杂了过多的感情因素。由于"分数指挥棒"的作用，许多管理人员和教师更为关注同事之间的个人关系，对相关人员履职不力多采取宽容态度，而对自身和整个学校的工作绩效并不关心。事实上，这样一种考评机制既不能真实地反映出教职工个人和组织的工作绩效，也不可能促进未来管理工作的改进。人员绩效的隐性化，给职业院校造成了诸多危害。创造了人员错配的管理组织生态，使得一些管理人员可以长期地滥竽充数、鱼目混珠；工作能力不达标的管理人员可以高薪聘用校外专家，以弥补自身能力缺陷，造成办学成本升高；追逐社会化技能大赛等显性绩效，导致教学工作失衡；一些优秀管理人员的工作成果被隐蔽地侵吞，分配上的平均主义现象严重；进一步模糊了岗位工作标准和人员招聘标准，最终使得整个管理团队失去提升工作绩效的动力。

7. 绩效标准"外置化"，外部标准代替内部标准

在校内绩效考核标准失灵的条件下，一些职业院校的行政职能部门转而将政府管理部门的要求作为"绩效标准"。譬如，高职院校招生部门将招收中职毕业生数量作为招生绩效，而对生源结构指标并不关注；财务部门仅仅关心资金使用时间进度、合规程度，而对办学成本却有所忽视；教学管理部门对社会化大赛的成绩非常重视，而对毕业生在企业的表现基本不了解等。政府管理要求与办学要求总体上具有一致性，但差异也十分明显。政府财政部门禁止教师出差时违规乘坐交通工具，但学校可以在控制总成本的前提下，以补贴方式鼓励出差人员选择性价比最高的交通工具；社会化职业技能大赛是自愿参加的，职业院校完全可以按照区域产业需要选择实训设备，而不必购买不适用的大赛指定设备。

总之，职业院校管理的基本功能就是在遵循国家法律和政府规章的条件下，合理配置和利用办学资源，最大限度发挥资源效益，促进区域经济社会发展。管理绩效低下，将会使得职业院校成为区域经济发展的"包袱"，影响师生职业发展，是职业院校治理能力现代化过程中必须解决的重要问题。

第二节 职业院校行政管理绩效困境的深层原因

职业院校内部管理绩效不佳的基本原因是缺乏科学管理和现代管理意识，内部管理人员专业化水平低，制度创新能力不足，不适应职业教育现代化发展和现代学徒制推行的需要。这一问题涉及面广，复杂程度高，只有在深入剖析各种影响因素的基础上才能逐步加以解决。

1. 目标虚化——一种系统性缺陷

明确、具体、可行的目标是职业院校工作计划和任务方案的首要要素，是配置和利用资源的主要依据，是教职工绩效考核的基本参照。① 一个组织目标缺失，组织成员就会失去动力，更不可能取得良好绩效。许多职业院校深陷绩效困境，表面上看是教职工工作能力有待提升，更深层次的原因是缺乏良好的目标形成机制，导致因人设专业、因人设课程等现象反复出现，从源头上破坏了质量生成机制。目标形成机制不健全的后果是导致学校目标和部门目标虚化，即只有形式上的"目标"，而缺失作为管理要素的目标。在职业院校内部管理实践中，目标虚化主要有以下几种情况。

(1) 目标没有分解和落实。只有总体目标和计划，没有分项分层的目标和计划，因而不能转化为具体行动。譬如，仅仅确定办学规模指标，但缺乏相应的教师聘用计划；仅有精品课程建设的目标，但没有教师教学能力提升计划等。

(2) 目标过于抽象。将学校愿景和使命作为目标，仅有发展方向而无实施路径，最终致使目标落空。譬如，有的学校提出建设生态校园、绿色校园的目标，但师生都不了解垃圾分类的相关知识，培养方案中没有设置相关课程，社团组织也未开展相关活动，这样的目标就只能在纸面上"旅行"。

(3) 目标不协调。由于总目标不够明确、具体，各个职能部门和实体部门各自为政，提出与总目标没有关联的局部目标。

(4) 目标不符合宗旨。职业院校的办学宗旨是促进学生职业发展和区域经济发展，但一部分职业院校却将学生升学作为主要目标。

(5) 目标未能统一。由于目标制定缺乏科学而规范的程序，有些目标不能得到多数教职工的认同。譬如，由于职业院校与应用技术大学选取了不同的走向，相当一部分高职院校在争创"双高"学校和升格为本科院校之间摇摆不定，青年教师与老年教师之间存在巨大分歧，影响了学校的协调发展。

2. 制度陷阱——消极管理的合法化

有效的管理制度是内在管理规律的科学总结，也是取得良好工作绩效的制度文化保证。但是，制度制定必须具有全面的、联系的、积极的思维，片面的、孤立的、僵化的制度有可能成为管理创新的束缚和工作绩效的陷阱。制度可以强化积极的管理行为，也可以维护

---

① 车延年,宫恩龙.精细化管理视域下高职院校专业管理：内涵、困境与路径[J].职业技术教育,2020(7)：27.

消极的管理行为。由于管理活动的复杂性和管理者认识的局限性,总会有一些新问题、新情况需要探索,使得管理绩效不断趋于最佳化。但改革探索必然会存在风险,很容易会犯一些错误,一些管理者为了逃避个人责任,就在制定制度时留有充分余地,或者以制度形式禁止探索性活动,在改革道路上埋下大量的"软钉子"和"绊马索"。这种制度披着"对工作负责"的外衣,实质上是对工作麻木不仁,严重阻碍管理创新和工作改进。更为可怕的是,消极的管理制度一旦形成,积极的改革创新就成为离经叛道的行为,不仅难以获得相应的资源配置,还会成为制度文化重点攻击的靶心,职业教育改革将会停滞不前。消极化的制度常常以两种方式出现:一种是对已过时制度的极力维护,如强制教师准备结构完整但并不实际使用的纸质教案;另一种是创新行动的禁止,如禁止学生在课堂上使用手机,并要求学生必须提交纸质的课后作业。

3. 部门藩篱——尚未联通的"孤岛"

在规模较小的职业院校(如在校生不足2000人的职业高中),仅靠一名能力较强的校长和几名精干的专业负责人就可以取得良好的工作绩效;而在规模较大的职业院校,特别是在具有引领作用的高水平高职院校,由于任务复杂性增强和质量要求提高,必须设置专业化的管理职能部门才能实现预期目标。管理职能部门的基本职责是,围绕学校总体发展目标对所需资源相同、任务性质相近、质量要求较高的一类关联性工作进行规划、指导和评价,促进下一级教学单位工作绩效的提升。但是,由于职业院校管理职能部门的职责划分不清,部门目标与总体目标的关联性很容易被割裂,成为一个个失去联系的"孤岛",这些"孤岛"以各自为中心,表面看对总体绩效具有贡献,而实际的总体绩效很难提升。①

以专业人才培养方案的制定为例,为落实立德树人根本任务,应该确立知识、能力、素质相协调的培养目标,并设置相应的显性课程和隐性课程,需要通过多部门的协调联动才能制定出科学、全面、有效的方案。但许多职业院校在人才培养方案制定过程中并没有学生管理部门的参与,也未征求相关职能部门的意见,尽管培养目标较为全面,但形成的方案中仍然以"第一课堂"为主,实际上没有摆脱传统教学计划的窠臼,育人目标很难全面实现。再如,在高职院校普遍开展的创新创业教育中,本应以"第一课堂"为重点培养学生的创新能力,实现专业教育与创新教育的融合,但创新创业教育中心只是负责创业大赛的活动组织,并不参与人才培养方案制定,导致多数专业课程以技能培养为主,培养创新创业能力的目标基本落空。由此可见,在管理职能划分原则模糊或者职能部门无法协同的条件下,一些职业院校人才培养方案制定显示出明显的路径依赖特征,如不转变观念,就不可能提升人才培养质量,更不可能成为国际一流的高水平职业院校。

4. 信息化代价——双轨运行成本

管理信息化的根本目的是提高职能部门工作效率,促进办学绩效提升。但是,在部门"孤岛"背景下,信息化推进部门无权改变行政部门的管理职能和业务流程,更无力全面提升管理人员的信息素养,导致"信息孤岛"普遍出现,传统管理模式向信息化管理模式的转变迟迟不能完成,所有管理人员必须以传统手工作业和网络平台作业两种方式工作,既加

---

① 闫朝鼎,赵善庆.科学设置高职院校校企合作工作职责的研究[J].当代职业教育,2012(7):76-77.

大了管理成本,又降低了管理效率。在高职院校普遍推行的人才培养诊改工作中,试图以信息化模式提升和稳固人才培养质量,但不少学校却舍本逐末,只是在管理流程没有完善的条件下简单地采集和显示人才培养现状数据,陷入了形式主义的泥潭,管理水平和人才培养水平都没有得到实质性提升。管理信息化初期出现的这种困境,一方面是由于技术本身有待新的突破,特别是大数据技术、云计算技术、区块链技术和人工智能技术不够成熟;另一方面则是职业院校的管理基础水平普遍较低,尤其是部门职能分工和管理流程不够完善,尚未建立起一支专业化管理人员队伍。也就是说,在目前技术条件下,科学管理是信息化管理的基础,只有人员管理水平与信息技术水平同步提升才能获得良好的管理绩效。

5. 升格悖论——发展中的问题

一般而言,高职院校的管理能力要高于中职学校。但是,我国目前的高职院校多数都是由中职学校升格而来,学校的层次在一夜之间发生重大改变,而由于人员构成没有发生改变,管理水平也不会发生突变,停留在与中职学校大体相当的水平。这就形成了一种升格过程中的悖论:高职院校管理水平高于中职学校的状况具有普遍性,但刚升格的高职院校管理水平大体相当于中职学校的状况也具有普遍性。高职院校出现的绩效困境,多数都是工作要求的提高与管理能力的相对不足之间的矛盾,或者说是由于发展而带来的问题。举例来说,中职学校优秀的系部主任和本科高校富余的系部主任都有可能向高职院校流动,但职业教育作为一种类型,也需要有高水平的专业教学管理和在行业中的较高影响力,这些系部主任多数一时还难以达到与本科高校相当的管理水平和社会影响。由此可见,职业教育应该成为与普通教育并列的教育类型,也应该建设世界一流水平的高职院校,但这是一个循序渐进的过程,需要通过人力资源的质量提升和绩效改进逐步实现,其中教学人员的教学水平与管理人员的管理水平需要得到同步提升。

第三节 职业院校行政管理绩效困境的突破路径

改善职业院校行政管理绩效的根本途径是推进管理改革与创新,高度重视管理在职业院校发展中的保证作用,培育职业院校特有的管理文化,加速实现治理结构和治理能力现代化,为深化产教融合、校企合作奠定基础。加强行政管理与"行政化"是两个不同性质的概念,前者是按照科学规律整合和配置资源以提高资源利用效率,后者则是机械地照搬上级文件,以简单的行政命令推进工作,降低资源利用效率。在现实条件下,职业院校的管理创新需要坚持目标导向与问题导向相结合、能力提升与手段创新相结合的原则。①

1. 建设专业化的职业院校管理创新团队

专业化分工是提高工作效率的基本途径,是突破职业院校绩效困境的改革方向。提高教学质量需要教师具备专门的职业教育科学知识和教育教学能力,提升管理水平同样要求管理人员具备专门的管理科学知识和管理能力。由教师兼做管理人员,是职业院校出现绩

---

① 蓝洁.职业教育治理体系与治理能力现代化的框架[J].中国职业技术教育,2014(7):9.

效困境的一个重要原因,也是管理粗放、抱残守缺的具体表现。大量的事实充分证明,教学人员与管理人员的分工是职业院校最重要的分工。一人双岗(双肩挑)看似提高了工作效率,降低了人员成本,实际上却是降低了管理效率和教学效率。"第一,教师的专长是教学和研究,不是行政管理。第二,如果教师从事部分的行政管理,就必然会影响他们的学术研究和教学。"①因此,建设一支"信念坚定、忠诚担当、学有专长、善于创新"的管理团队,是提升职业院校治理能力和工作绩效的关键。

首先,要制定管理队伍发展规划。在"十四五"发展规划中,编制职业院校管理队伍发展专项规划,确定管理队伍发展的主要目标、基本原则、建设任务、重点项目和保障措施,将管理队伍发展规划与教师队伍发展规划放在同等重要的地位,彻底改变管理队伍被边缘化的倾向,大力培育专业化优秀管理团队。其次,要改变管理人员聘用方式。在明确管理岗位职责和人员标准的基础上,聘用具有一定管理学基础知识和教育学基础知识、问题解决能力较强的人员从事管理工作,重点考核应聘者的规划能力、协调能力和评价能力。政府应支持师范院校开展职业院校管理人员培训,不断提升这些人员的管理水平。最后,妥善安置现有兼职管理人员。目前,职业院校许多管理人员都是优秀教师,是学校发展所需要的宝贵人才。对于具有发展潜力、勇于开展管理创新的教师,应该进行有针对性的培训,专门从事相关管理工作,而不再从事教学工作;对于确实不适合从事管理工作的教师,应该充分尊重本人意愿,有计划地返回到教师队伍,保障改革的平稳进行。②

2. 管理标准化与信息化深度融合

职业院校治理能力现代化的一个重要标志就是工作绩效的提升,而工作绩效提升的重要途径是实现管理标准化与信息化的深度融合。《国家职业教育改革实施方案》提出:"将标准化建设作为统领职业教育发展的突破口。""实施教师和校长专业标准,提升职业院校教学管理和教学实践能力。"③这里的"教师",既包括从事一线教学的专任教师,也包括从事管理工作的教师;这里的"专业标准",既包括人员素质标准,也包括管理岗位标准。从职业院校发展的实际来看,需要尽快建立和完善以下方面的管理标准:①制定符合信息化要求的管理工作流程,保证数据的统一性、真实性和可利用性;②制定岗位设置标准和人员编制标准,保证管理工作岗位的完整性和岗位职责的清晰性;③制定招生标准和专业教学标准(专业人才培养方案),确保人才培养质量;④制定校企合作标准,不断完善贯穿人才培养全过程的校企合作机制;⑤制定严格的部门和个人绩效考核标准和考核办法,并提出相应的考核结果处理办法。通过构建科学化的管理标准体系,形成"人人有标准,事事有标准""制度管人,流程管事"的工作机制。

在实现管理标准化的基础上,积极运用大数据技术等现代化信息技术手段,推进数据采集的源头化、数据处理的自动化、数据显示的可视化,实现规范性与高效性的统一、真实性与精确性的统一、创新性与服务性的统一。由于目前人工智能、大数据技术、区块链技术

---

① 钱颖一.学院治理现代化:以清华大学经济管理学院为例[J].清华大学教育研究,2015(2):2-3.
② 黄茂勇.组织内部营销:高职院校内部治理的范式转型与技术进路[J].职业技术教育,2020(1):54-55.
③ 国务院关于印发国家职业教育改革实施方案的通知[EB/OL].[2020-06-06].http://www.gov.cn/zhengce/content/2019-02/13/content_5365341.htm.

的应用还不够成熟,在实践中应注意探索职业院校管理信息化的标准,最终形成"以信息化引领标准化,以标准化促进信息化"的建设机制。

3. 完善职业院校管理人员的绩效考核机制

完善绩效考核机制,不仅是管理标准化和信息化的工作内容,也是促进管理团队建设的重要措施。科学的绩效考核机制,可以有效整合人力资源,凝聚价值共识,反过来促进工作绩效提升。当前,职业院校的绩效考核工作应该重点关注以下问题:一是强化管理人员个人工作绩效与部门绩效和学校总体绩效的联系,设计矩阵式考核指标,规范各个管理部门之间的工作流程,引导各个部门和管理人员围绕总体目标协同工作;二是加强对改革创新绩效的考核,加大创新性工作的考核比重,合理评价一些失败性工作(如重大课题投标失败)的价值;三是完善对临时性机构工作绩效的考核,增强绩效考核的全面性,适应高难度重大项目不断增加的需要;四是将对校企合作和现代学徒制推行工作的考核覆盖到所有管理部门,结合相关工作在企业的实施效果确定综合成效,实现校内考核与校外考核相结合;五是重视对职业院校绩效考核的科学研究,逐步深化职业院校行政管理工作规律的认识,促进管理绩效的不断提升。

第八章　现代学徒制模式下的高职院校行政管理机构

高职院校内部行政组织优化是一项人才供给侧结构性改革,也是校企双元育人和推行现代学徒制培养模式的基础性工作,其实质是高职院校通过人才培养组织结构优化适应产业结构调整和转型升级的要求。[①] 目前,关于高职院校专业组群方式的讨论,不仅涉及办学理念和服务方向问题,也涉及内部组织机构改革的重大问题,关系到现代学徒制能否顺利推行。通过对一些高职院校的走访,发现高职院校内部组织机构建设存在一些薄弱环节,影响了专业建设和人才培养的效果,而且相关问题尚未引起学术界和政府行政管理部门的高度关注。本章通过对高职院校内部行政机构典型问题的分析,提出了一些相应的改革对策。

第一节　高职院校内部行政组织机构优化面临的问题

高职院校内部行政组织机构是内部治理结构的重要组成部分,是决定行政管理效率的重要基础。高职院校内部组织机构设置具有明显的路径依赖特征:一是模仿普通高校组织机构形式,不适应产教融合、校企合作的需要;二是延续中职学校简单化的"直线制"机构设置特点,不适应精细化、科学化管理的需要。高职院校内部组织机构存在的根本问题是缺乏自身特色,未能将"高等性"特征与"职业性"特征融为一体;恰恰相反,一些高职院校兼具中职学校和普通高校组织机构的缺点,导致组织效率低下。更令人担忧的是,高等职业教育界尚未充分认识到高职院校内部组织机构优化的急迫性和改革主体素质的决定性作用,许多人虽然强调了外部需求因素变化和办学理念转变,但并未触及内部因素优化改进和教学管理的核心问题。全面梳理高职院校管理层面存在的突出问题,同步推进教学改革与教学管理改革,是实现产教融合、校企合作的内部管理基础。

当前,高职院校内部组织机构的主要缺陷包括以下几个方面。

1. 专业教学组织构建方式趋于招生导向

高职院校的专业教学组织一般按照专业群的形式组建,具体行政建制为系或二级学院。由于目前公办高职院校的经费来源为"生均拨款",导致部分高职院校以专业招生规模作为专业设置和院系设置的基本依据,考生数量较大的专业得到优先发展,而招生较为困难的专业逐步"关、停、并、转"。在这种招生驱动发展模式下,专业教学组织出现了两个明显弊端:一是专业设置与产业发展需求脱节,一些产业发展急需的人才不能满足(如现代

---

① 任占营.高职院校专业群建设的变革意蕴探析[J].高等工程教育研究,2019(6):4-8.

农业人才、化工产业人才、养老产业人才等），而一些受到考生追捧的热门专业出现过剩（如财经、法律、信息等）；二是由于经费供应的强大刚性，一些培养能力严重过剩的专业仍可以维持下去，需求信号不能有效地反馈到专业设置调整环节，从而使各个高职院校之间出现了专业设置雷同的现象。① 一些高职院校毕业生不能顺利实现对口就业，同时存在一些行业和工作岗位人才紧缺，是专业设置不合理的直接后果。由于部分公办高职院校人事制度有些僵化，一些毕业生供给过剩专业的教师无法流动，进一步加大了专业结构调整的困难。

2. 职能管理机构过度行政化

职能管理机构是管理职能专门化和管理工作精细化的产物，是高职院校建设高水平专业群的重要保证。在发展水平较低时，计划、组织、协调、控制等管理职能可以由学校行政负责人和专业教学组织负责人行使；当学校发展目标较高时，就需要建设一支专业化的管理团队。合理的职能管理机构应该依据学校内部人才培养和社会服务的实际需要来设置，从而对未来工作制定规划，对当前工作进行协调，对过去工作开展评估，指导各个专业群高质量地工作。因此，有效的管理机构应该是高水平专业群建设的服务机构，以提高专业建设的效率为基本目的。但是，由于目前政府主管部门直接干预较多，高职院校的内部行政职能部门设置采取了与政府部门相对应的方式②，教务、学务、总务、财务、人事等部门在很大程度上要依据政府相关要求开展工作，失去了基本的服务职能和创新职能；由此造成的后果是，高职院校职能部门只需机械地、被动地执行主管部门文件要求，对专业化管理能力和自主改进能力的要求降低，极大地弱化了高职院校的办学自主权。

3. 规划和评价职能薄弱

在目前高职院校的各项管理职能中，规划和评价是最为薄弱的两个方面。目前，高职院校较为普遍地缺乏高度专业化的发展规划职能部门，许多学校发展规划职能名存实亡；另有一项调查表明，对高职院校内部管理积极评价度最低的就是"绩效考核评价制度"和"第三方监督评价制度"。③ 由于长期以来只注重规模扩张和数量增加，忽视教学质量改进和管理水平提高，许多高职院校出现了"没有发展的增长"局面，管理工作的重点是办学资源的获取和分配，而不是要素重组和流程重构。这种"面多加水、水多加面"的粗放管理方式，在常规的招生、教学、后勤和学生管理等方面并没有太大的问题，但在涉及教育信息化、教学诊断与改进、技术技能积累、社会服务能力提升和教师发展等方面，创新能力不足的弊端就暴露无遗。监督评价制度的缺失与规划职能的缺失有着密切关系，由于缺乏科学的发展目标和评价标准，工作绩效的评价只能采用带有强烈感情色彩的主观评价方法，导致评价结果不准确。

4. 行政职能部门协同性差

由于高职院校缺乏长远而明确的组织目标，导致部门之间协同性差，经常出现相互掣肘、推诿扯皮、自我中心的现象。例如，诊断改进部门希望根据实际情况的变化不断优化项目方案，而财务部门则强调预算的刚性执行；业务部门习惯上按照业务性质分类估算所需

---

① 张红.高职院校高水平专业群建设路径选择[J].中国高教研究,2019(6):105.
② 邢晖,邹琦妹,王维峰.高职院校内部治理结构现状及优化研究[J].国家教育行政学院学报,2019(2):33-35.
③ 查吉德.高职院校内部治理结构现状与改进策略[J].现代教育管理,2019(12):95.

费用,而财务部门则要求所有部门按照经济科目进行经费预算;教学改革需要具有较强改革意识和实践经验的创新型教师,而人事部门则强调高学历;等等。高职院校组织机构存在的系统性、结构性缺陷在信息化建设过程中表现得淋漓尽致,各个部门都建立相对独立的信息系统,数据重复统计、互不统一,形成了一个个"信息孤岛";业务流程随意改变,软件版本反复更新,原始数据的可靠性、真实性难以保证,统计结果只能作为参考数据。部门之间的各自为政,进一步弱化和掩盖了总体规划和长远目标对学校发展的引领作用,在低水平上形成了一个较为稳定的组织生态。规划部门的虚位、诊断评价部门的无力,是整个组织结构低效化、附庸化的集中反映。

5. 非专业化的行政管理人员

许多高职院校将教学工作与教学管理工作相混淆,甚至错误地认为教学工作需要教学人员来管理、高技能人才培养需要高技能人才来管理,致使管理工作的专业化、科学化发展遇到重大阻力。尤其是在管理信息化的大背景下,一些人认为加大管理软件的投入就可以提高教学管理水平,只要能够操作管理软件就可以从事管理工作,在改革路径上陷入了工具主义的泥潭。事实上,管理软件的正常运行依赖于科学的管理流程和准确的数据基础,离开人的管理思想和数据的真实可靠性,管理信息系统只会"假数真算",不可能对管理改进产生任何积极的影响,而且会空耗大量的人力和财力。管理人员非专业化的根本原因在于缺乏高水平发展的目标导向,只希望维持现状,按照组织惯性和业务惯例开展工作,将管理人员视作一种无差别的通用性工作人员,以至于有些学校将职能部门负责人轮岗制度化。

第二节 高职院校内部组织机构形式的选择

组织机构形式是指一个组织内部分工协作的基本方式,由组织规模和组织活动复杂程度等因素来决定。合理的组织机构形式是提高组织效率的关键,也是发挥组织机构优势的基础。在管理现代化的发展进程中,企业组织已经出现了直线制、职能制、直线—职能制、事业部制、矩阵制以及多维立体组织等基本形式,其中目前采用最多的是直线—职能制。在目前的高职院校中,一般都设有校级职能部门和二级教学院系;职能部门的设置大体相似,但由于服务面向和学校规模不同,对于专业教学组织形式出现了不同的探索。

(一)专业群组织机构

专业群组织是直接实现高职院校职能的基本单位,也是当前内部机构改革中的焦点。特别是在"双高"建设实践中,高职教育界围绕专业群建设的方式,形成了"以群建院"和"以院建群"两种不同的建设思路[①]。所谓"以群建院",是在按照服务面向组建专业群的基础上,以每个专业群作为学校内部的一个专业教学和社会服务单位,其最大优点是便于实现

---

① 王玉龙,刘晓.以院建群还是以群建院?——兼论高职院校高水平专业群建设的基层治理模式[J].职教论坛,2020(7):35-37.

专业与产业、教学与生产的对接①，缺点是需要对现有教学组织进行重组，容易造成短时的不稳定状态；所谓"以院建群"，就是在不打破已有院系设置的条件下，对专业设置进行合理调整，其优点是改革阻力小，可以保持教学稳定，缺点是不能实现教学系统的整体优化。事实上，专业教学组织改革的重要目标就是实现产教融合，"以群建院"和"以院建群"都不涉及问题的实质。这里从专业化分工的角度对专业群的组建方式做一些分析。

1. 服务对象专业化方式

服务对象专业化是依据所服务的区域产业、行业和企业的实际需要，合理设置专业群组，形成岗位链与专业链、职业链与课程链的对接。这种方式的显著优点是以需定教，有利于提高毕业生就业质量；缺点是专业群组综合性强，专业跨度大，对教师和管理人员素质要求较高，办学水平较低的学校一时难以适应。比如，港口类专业群可以包括港口机械与自动控制（600305）、港口电气技术（600306）、港口与航道工程技术（600307）、港口物流管理（600309）、轮机工程技术（600310）、集装箱运输管理（600313）等，服务面向就是港口和水上运输企业；从企业需求的角度看，希望形成业务管理、设备维修、装卸操作等方面的合理人才结构，并能够同步完成人才规划和聘用工作。若在高职院校内部将这些专业划入同一个教学院系，形成服务对象专业化的专业组群，可以在不同专业之间有效利用教学资源，促进学生复合知识和复合能力的形成。

对于地级城市举办的综合性高职院校而言，按照服务对象专业化方式组建专业群，可以进一步明确办学定位，实现学校专业结构与区域产业结构的协同一致，提高专业教学的针对性和有效性，从根本上改善人才培养质量。服务对象专业化方式符合产教融合、校企合作的办学方向，有利于提升行业企业参与职业教育的积极性，体现职业教育的类型特征，应该成为高职院校专业教学机构改革的主要方向。但是，由于传统的高职院校多为"内向型"，与行业企业隔离时间较长，专业设置主要从招生市场需求出发，与产业需求结构差距较大，且学校之间专业结构雷同，完成专业结构调整和专业重组需要做好产业需求调研、专业组群规划、教师团队组建、教师能力培训、人才培养方案调整等一系列改革工作，这对于管理能力普遍较为薄弱的高职院校来说，无疑是一个巨大的挑战。当前，许多高职院校对"以群建院"存在畏惧心理，主要原因就是尚未形成有效的管理系统，特别是院系和专业层面缺乏规划、协调和评价的管理职能。

2. 教学内容专业化方式

所谓"教学内容专业化"，就是依据不同专业教学资源的共享程度，合理组建专业群组，按照教学内容的类别实现教学人员的专业化分工。这种方式的显著优点是组织简单，便于操作，适合多数高职院校的管理水平和教学水平，适合于大规模的人才培养；缺点是未能充分考虑外部人才需求和双主体协同的需要，培养质量和就业质量难以有效提升。比如，将机械设计制造类的机械设计与制造（560101）、机械制造与自动化（560102）、数控技术（560103），水上运输类的港口机械与自动控制（600305）、轮机工程技术（600310）、船舶检验（600304），化工技术类的化工装备技术（570208）等，凡是涉及机械类课程的专业都归入机

---

① 沈建根，石伟平.高职教育专业群建设：概念、内涵与机制[J].中国高教研究，2011(11)：78-79.

械工程系,从而实现课程资源的共享;再如,将汽车营销与服务(630702)专业归入市场营销专业群,重点培养学生的市场策划和客户沟通能力,就是典型的教学内容专业化方式。

行业性高职院校服务产业领域较为单一,专业与产业对接度较高,按照课程专业化组建专业群有利于提高课程共享程度和资源利用效率。特别是在高职教育发展的初期,各地高职院校办学资源相对不足,提高资源共享程度就成为扩大办学规模的重要手段。但是,当办学效益与企业需求发生矛盾时,学校内部专业组群方案应该优先满足外部需求。在人才供给严重不足的条件下,用人单位对人才的专业要求不高,高职院校专业设置与外部需求的矛盾并不十分突出;随着高职院校规模的迅速扩大和企业对人才素质要求的显著提高,人才供给侧结构改革的重要性已经凸显出来,专业群组建就是专业结构调整的具体实现形式。

(二)学校整体组织机构形式

为解决高职院校管理职能部门过度行政化、政府附属化和职能孤岛化的问题,应彻底摆脱小型中职学校所采用的直线制管理方式,合理设计管理层次结构,探索适合产教融合类型特征和高职教育层次特点的组织机构形式。目前,在高职院校行政管理机构改革中,具有两种较为典型的改革思路:一是强调管理重心下移,扩大二级院系管理职权,适应规模迅速扩大和服务面广的特点;二是强化校级管理职能部门的顶层设计功能,为专业发展构建良好平台,适应高职院校发展历史较短、管理能力整体较弱、人员水平整体较低的阶段性特点。尽管两种思路的视角明显不同,但总体方向都是增强高职院校的内部办学活力,调动各个方面的办学积极性。从高职院校当前改革与发展的实际来看,组织机构设置可以采取以下几种现实选择。

1. 直线—职能制

直线—职能制是目前各类组织中采用最多的一种管理组织形式。这种形式充分考虑了管理因素的复杂性和教育教学活动的高效性,既强调校级管理职能部门的规划和协调作用,又强调二级学院的执行力,较为适合目前大多数高职院校的发展水平。通过行政管理职能机构的完善和管理水平的提升,可以有效提高资源利用效率;通过二级学院执行力的提高,可以落实学校整体规划目标和改进计划,从而体现稳中求进的发展思路。在高职院校办学实践中,直线—职能制组织形式容易出现两种弊端:一是将专业群视作教学管理职能部门的下属机构,将专业群和二级学院作为单纯的"教学单位";二是条块分割,各个职能部门不能发挥协同作用,造成二级学院疲于应付。克服这种弊端的基本途径是通过联席工作会议统一布置工作,防止各个职能部门单独下达工作任务。

2. 二级学院制

当高职院校规模较大、综合性较强,专业群组之间独立性较强时,采用类似集团公司中"事业部制"的管理组织形式是恰当的选择。这种方式在遵循总体办学方向的前提下,将二级学院作为相对独立的办学实体,与企业联合共建,既发挥了专业群组织的积极性,又加强了校企之间的联系;随着办学规模的不断扩大,整所学校就会变成一个职业教育集团。但是,这种方式对专业群自身的管理能力和高职院校规划、协调和评价能力提出了很高的要求,需要在各个二级学院分别构建管理职能部门,简单地下放权力可能会造成办学活动的失控和教学质量的下滑,甚至会出现专业群之间恶性竞争及损害社会利益的现象。比如,一些专业群不顾自身实力,盲目地承担过多项目,由于力不从心大量借用外部力量,造成学校整体工作的不协调。

3. 矩阵型组织

矩阵型组织形式是在传统的直线—职能制基础上,根据需要在重点领域组织实施专项计划,解决发展中存在的少数薄弱环节和重点问题。项目组是一种临时性的工作机构,根据需要在全校范围内筹集资源,带有"突击队"和"大会战"的性质。需要注意的是,重大建设和改革项目应该在全校范围内配置资源,一般应该避免由一个二级单位单独承担重大项目,或者同时开展大量的重大项目,以免由于资源和力量不足造成项目搁浅。例如,已在高职院校开展的示范校建设项目、现代学徒制试点项目、章程制定项目等,一般都要成立临时工作办公室,抽调相关人员参加。

(三)专业群与校级管理职能机构的协同

专业群的发展需要依靠全校各个部门协同实现,如果学校管理职能部门不能为专业群的发展服务,就变成了直线制组织形式,不利于提高资源利用效率;如果各个职能部门之间不能有效协同,就可能出现工作效果相互抵消的情况(比如学生社团的课外活动如不能结合专业特点,就会影响培养目标的实现)。

传统的高职院校常常模仿普通高校的办学模式,专业结构主要依据学校内部条件决定,专业设置较为稳定,教学工作和各项管理工作都形成了常规,遇到的问题一般都有可供遵循的惯例,管理组织机构处于一种僵化状态,整项人才培养工作也变成了一种封闭系统,以至于完全不熟悉管理知识的教师都可以成为教学管理职能部门的管理人员;管理部门与教学部门之间形成了一种"指挥"关系,而不是"服务"关系。专业群的组建,主要依据产业发展需要调整专业结构,人才培养成为一种开放系统,要求教学创新、技术创新与管理创新伴随进行。专业群是高职院校与产业对接的实体,管理职能部门则是产业需求的预测者、专业结构的设计者、办学资源的配置者和办学效果的评估者。比如,位于临港地区的高职院校需要开发轮机工程技术专业,规划部门需要预测轮机技术人才的需求规模和基本规格,为制订招生计划和人才培养方案提供依据;人事管理部门需要设计该专业的教师结构,为该专业配备数量充足的教师;设备管理部门需要调研相关实训设备的来源和产品结构,为专业建设创造实训条件;质量监督部门需要制定相应的毕业生追踪办法等。如果仅仅将专业开发看作二级学院和教务部门的责任,就很难达到预期效果。

第三节 高职院校内部组织机构的优化策略

高职院校内部组织机构优化的基本原则应该是依据外部需求,兼顾内部条件;遵循科学规律,整体系统设计;办学主体优化,内部素质提升;专业群组突破,职能机构协同。组织机构优化的最终目的是提升专业设置与产业发展、教学过程与生产过程的对接程度,提高办学资源配置和利用效率,形成高职院校的管理特色。在实践过程中,需要防止出现因循守旧和盲目行动两种倾向。从高职院校目前存在的突出问题来看,应采用以下有效的优化策略。

1. 强制性政策与引导性政策相结合

高职院校是一种具有特定职能的社会基层组织,既要在政府引导下坚定不移地遵循社会主义办学方向,又要在市场调节下开展自主办学。首先,高职院校应该按照政策规定强制性地设置学术委员会、学生申诉处理委员会、教师申诉处理委员会等机构,保障师生的合法权益,体现以人民为中心的办学思想;其次,高职院校应积极探索混合所有制办学模式,构建理事会、董事会等法人治理结构,重点实现专业结构与产业结构的吻合,提高专业群的服务产业发展能力。

2. 全面推进与重点突破相结合

由于目前我国高职院校治理水平较低,特别是管理职能部门人员专业化差距很大,需要解决的管理问题很多,应充分考虑组织优化的渐进性,不能期望在短期内一蹴而就。在组织机构优化的过程中,应该全面梳理和分析存在的问题,剖析成因,按照难易程度和重要程度对所有问题进行分类排序。对重要而容易的问题优先解决;对于重要而难度较大的问题,制定科学的解决方案,集中力量重点解决;对于难度较大且较为次要的问题,可以创造条件逐步解决。当前,专业带头人和管理职能部门人员的管理能力及专业化水平是影响高职院校发展的最关键因素,是需要优先解决的重要问题;二级学院建设应该率先在管理水平较高的专业群进行试点,逐步形成可推广的高职院校二级管理模式。

3. 反馈控制与前馈控制相结合

人才培养质量是高职院校的生命线,也是检验组织机构是否合理的判断标准。构建反馈控制与前馈控制相结合的人才培养质量监控体系,是高职院校内部管理机构优化中的一项重点内容。所谓反馈控制,是指通过对结果的检查来发现和纠正偏差,是一种"亡羊补牢式"的事后控制方式,也是高职院校目前质量监控体系中最常见的控制方式。反馈控制是质量保证的重要手段,但并不能避免重大教学事故的发生。前馈控制是一种事先控制方式,是指通过观察现场情况、分析教学规律、预测发展趋势,科学地判断未来将会发生的问题,预先采取必要的预防措施,从而避免重大事故的发生。前馈控制并不是等问题发生后再采取矫正措施,而是通过预见未来结果而发现方案中的缺陷,及时修正方案,努力实现防患于未然。前馈控制通常由规划和研究部门实施,是高职院校管理水平提升的重要标志,也是教学组织实现服务对象专业化的基本条件。我国台湾地区的科技大学无一例外地设置了研究发展处,这一经验非常值得大陆高职院校借鉴。

4. 转变理念与创新机制相结合

完善高职院校内部行政组织结构,打破僵化状态,需要从转变思想观念和工作思路入手,强化教师和管理人员的社会担当意识,将服务区域发展作为根本价值导向。如果一味地眼睛向内,就可能不顾社会利益和学生利益而采用成本最低化的专业组织方式和功能简单化的管理组织方式。比如,一些地方举办的综合性高职院校出于成本控制的需要,将两类毫不相干的专业组在一个专业群内,或是压缩甚至撤销具有研究发展职能的管理部门,就是一种仅仅考虑内部利益的短视行为,是缺乏服务观念的典型表现。

为了形成组织机构优化的动力机制和监督机制,高职院校需要在完善章程的基础上,大力加强研发职能机构和人力资源管理机构的力量,在组织机构建设上形成闭环机制。研发管理部门的基本职能是在充分调查研究的基础上制定高职院校的中长期发展规划,形成内部发展与区域发展相统一的可行性目标,为组织机构优化提供基本依据;人力资源管理部门的基本职能是完善专业群组建方案和职能部门设置方案,合理规划和配置人力资源,创新具有中国高职教育特色的组织机构形式。特别是在政府实行"放、管、服"的大背景下,高职院校应该组建具有权威性的章程建设委员会,保证社会发展需求能够传递到校内各级组织部门,避免组织设置和调整上的随意性。

5. 上层组织与下层组织相结合

目前高职院校较为普遍地扩大二级院系的管理权限,这是管理发展的一种具体体现。但是,实行"二级管理"需要有完善的改革方案和前提条件,如果学校整体管理水平较低,实行二级管理就可能造成更大的混乱。完善的二级管理需要具备两个基本条件:一是学校制定了科学的发展规划,并具有强有力的研发职能部门,对改革方案进行了充分的科学论证;二是二级实体单位具有较强的管理能力,能够有效地发挥第二级管理职能。看似显而易见的两个基本问题,却往往会在改革实践中被忽视。比如,有的高职院校只是依据系部人员的诉求就盲目加大二级教学组织的责权,没有做好相应培育和准备工作,结果导致系部之间争资金、争项目、争专业,但又无法保证项目质量。

6. 守正与创新相结合

在长期的改革发展中,高职院校专业群已经积累了大量的成功经验,需要总结、归纳和继承。比如,通过建设职教集团形成跨界的管理组织,通过现代学徒制委员会形成专兼结合的教学组织,等等。但是,由于新一代信息技术应用带来的企业转型升级,高职院校的组织机构又必须进行适应性调整。高职院校应该在全面总结集团化办学和现代学徒制试点经验的基础上,以专业群为载体探索建设混合所有制的二级学院,建设校企"双元"的教学创新团队[①]和实习实训基地,并有力推进职教集团的实体化、信息化和常态化,形成高职教育的组织机构特色。

第四节 结 论

(1) 当前许多高职院校内部行政组织机构处于一种僵化状态,整体管理水平较低,不适应新一代信息技术驱动下企业转型升级的需要。高职院校内部行政组织机构的显著缺陷是:专业教学组织注重内部教学过程的经济性,而忽视外部服务的有效性;学校职能部门过度行政化和政府附属化,规划、协调和评估职能缺失严重;职能部门之间协同性差,处于"1+1<2"的状态。

(2) 专业组群可以采用服务对象专业化和课程教学专业化两种基本方式。服务对象

---

① 霍丽娟.论专业群建设与高职教师的成长与发展[J].国家教育行政学院学报,2010(1):59-61.

专业化组群方式有利于专业与产业的对接,构建起适合现代学徒制人才培养模式的双元教学团队和企业实训基地。目前高职院校一般宜采用直线—职能制组织结构形式,辅以临时性的重点项目机构。随着改革的不断深入和规模的逐步扩大,可采用相对独立的二级学院管理模式,构建紧密型的职业教育集团。

(3) 高职院校内部组织机构的优化应采用强制性政策与引导性政策相结合、全面推进与重点突破相结合、反馈控制与前馈控制相结合、转变理念与创新机制相结合、上层组织与下层组织相结合、守正与创新相结合的策略,重点强化研发和规划职能,保证人才培养质量的不断提升。

第九章　学徒制模式下的职业院校劳动教育

如何在职业教育中贯彻落实教育部印发的《大中小学劳动教育指导纲要(试行)》,是职业院校当前面临的一个重大问题。职业教育以就业为导向,以服务为宗旨,以产教融合、校企合作为基本办学模式,推行现代学徒制人才培养模式,较为重视学生职业素养和工匠精神的培养,具有鲜明的类型特征。但是,在职业院校同样也存在对劳动教育功能较为忽视、学生日常生活劳动不够积极、专业课程融入劳动教育形式单一、社会实践性服务劳动缺乏组织等问题,需要对企业顶岗实习等成功经验进行归纳总结,探索一种具有职教特色的劳动教育模式。

第一节　职业院校劳动教育的基本特征

职业教育是培养高素质劳动者和技术技能人才的教育类型,这就决定了在职业院校开展劳动教育具有自身特点。相对于中小学和普通高等学校而言,职业院校开展劳动教育具有专业性、职业性、多主体性等方面的基本特征。

1. 在形式上,劳动教育与专业教育相结合

与中小学劳动教育的习惯养成和职业启蒙目标不同,职业院校的劳动教育具有明确的指向性,是专业教育内容的一个重要组成部分;与普通高校劳动教育对人才培养目标实现的间接性、辅助性作用不同,职业院校劳动教育的主要内容属于未来职业工作内容,对人才培养目标的实现具有直接性和等同性。很长时间以来,职业教育一直强调理论与实践相结合,努力实现专业设置与产业需求对接、课程内容与职业标准对接、教学过程与生产过程对接[①],特别是在现代学徒制推行过程中,职业教育有两个教学场所、两类教学主体,并不是单靠职业院校全面完成人才培养过程,在企业的生产性劳动既是训练学生劳动技能的过程,也是培养学生劳动精神和工匠精神的过程。

2. 在内容上,劳动教育与职业标准相结合

国家正在实施1+X证书制度改革,鼓励职业院校学生在获得毕业证书的同时,获得若干职业技能等级证书。这种制度不仅要求职业院校学生达到必要的知识水平,还要达到职业岗位所需要的技能水平和职业素养。譬如,在机电技术专业,学生需要在掌握现代机电设备知识的同时形成故障诊断和排除能力,熟练执行安全操作规程;在老年照护专业,学生不仅要熟悉人体肌肉组织、骨骼组成、膳食搭配等生理学、营养学知识,还必须具备娴熟的

---

① 国务院关于印发国家职业教育改革实施方案的通知(国发〔2019〕4号)[EB/OL].http://www.gov.cn/zhengce/content/2019-02/13/content_5365341.htm.

动作技能和热爱生命的仁爱之心;在农业植保专业,学生必须亲身经历农作物的育种播种、田间管理、收获仓储的全过程。① 因此,职业院校的劳动教育不仅要达到专题教育课程标准的要求,还要达到相应职业等级的标准要求。

3. 在主体上,专任教师与兼职教师相结合

职业院校劳动教育的内容和形式决定了教育主体包括校内专任教师和校外兼职教师两个方面。校内教师主要负责专题教育课程、日常生活劳动、校内外公益劳动和校内专业课程中劳动教育内容的渗透,实现认知结构和劳动价值观的转变;校外教师主要是结合顶岗实习过程开展生产劳动教育,将生产知识学习、生产技能训练和生产劳动教育融为一体。在企业生产实习现场的劳动教育,可以让学生更好地感受劳动者吃苦耐劳的优秀品质,体验产业工人的劳动情感,通过实践检验学生在生产中的心理适应能力和价值认同水平。

在学习资源、教学方法和教育评价等方面,职业院校的劳动教育也都是直接服务于人才培养质量提升,具有知行合一、学做一体的特征。

第二节 职业院校劳动教育的基本功能

职业院校劳动教育是人才培养活动的重要组成部分,是劳动教育最能体现全面效果的一个重要领域。在职业教育改革与发展中,劳动教育始终内隐于实习实训、职业指导和专业教学之中,对于人才培养目标的达成起到了促进作用。但是,职业院校劳动教育的顶层设计尚未形成,教育功能还没有全面发挥,教育效果评价也有待完善。从职业院校改革和发展的实际来看,职业院校劳动教育需要完善以下几个方面的基本功能。

1. 促进学生职业理想的形成

职业教育是以就业为导向的教育,主要面向知行合一、手脑并用的职业活动,学生对未来职业活动的充分认知和高度认同是教育效果的可靠保证。但是,由于基础教育中劳动教育的缺失,职业院校学生的生涯规划很不完善②,对生产和服务一线的职业岗位并不是十分认同,甚至不少学习者以升入普通高校为目的。因此,职业院校劳动教育的首要功能,是帮助学生树立适合自身发展的职业理想,保证职业教育的正确方向,为专业学习提供充足动力和思想保证,成就职业学习者的精彩人生。

首先,树立正确的职业观。由于分工的需要,所有职业劳动都是一种无差别的社会劳动,对社会有着同等的价值。"干一行,爱一行。"这是职业院校劳动教育最重要的价值观目标。由于我国经济发展很不平衡,技术发展水平具有明显梯度,劳动密集型产业和手工劳动在很长时间内将会长期存在。在职业劳动中培养职业兴趣和职业认同,认识本职业的社会功能和社会价值,是提高职业教育社会吸引力的一个重要突破口,也是当前职业教育改革的重点领域。

---

① 唐以志.1+X证书制度:新时代职业教育制度设计的创新[J].中国职业技术教育,2019(16):8-10.
② 孙诚.我国中职学生德育发展现状及改进策略——基于2019年全国中职学生发展状况调查分析[J].职教论坛,2020(3):24.

其次,明确个人职业定向。职业教育中的每个专业一般都面向一个职业群,学生可以在日常劳动、公益劳动和生产性劳动中发现自己的素质禀赋和认知特点,从而确定具体职业方向。譬如,老年服务与管理专业面向老年护理保健、老年服务管理、老年社会工作等职业岗位,技能熟练者可以选择操作岗位提高效能,善于规划者可以选择管理岗位以整合资源,沟通能力较强者可以选择社会工作岗位以更好地惠及民生。如果仅靠书本学习和校内学习,学生就很难发现自身所具备的职业优势。

再次,培养深厚的职业情感。职业劳动不仅要使用工具加工产品,还要适应劳动组织中的劳动关系。职业院校学生需要热爱未来的职业,更需要与行业人员形成相近的职业认知和职业道德,融入本行业的劳动共同体。通过参加生产性劳动,可以逐步形成良好的职业生态,让自己变成行业中的一分子,这是在学校教育环境下所不能实现的。即使学生在技能大赛等活动中获奖,也无法代替在真实生产劳动组织中的磨炼。

最后,培养爱岗敬业的职业精神。职业院校学生要在未来的职业劳动中获得生活保障,也要在劳动过程中施展自己的才能,全面发展自身整体素质,在职业活动中成就人生。恩格斯指出:"每一个人都无可争辩地有权全面发展自己的才能。"① 通过生产劳动,学生可以真正发现问题并分析问题,产生创造性解决问题的灵感,提高创新能力。职业劳动将会伴随职业院校学生的职业生涯,是人生最重要的价值所在。

2. 促进学生职业素质的养成

职业教育主要培养生产和服务一线的技术和技能人才,需要具备企业一线人员所具备的基本素养,② 包括:遵守安全操作规程,避免出现人身设备安全事故;树立"质量第一"的理念,不让不合格的产品流入下一个工序;在保证质量的前提下,努力减少物料消耗,降低生产成本;遵守绿色生产规范,减少生产对环境造成的不利影响;持续改进技术,与团队成员协同创新;等等。

学校内部教育活动对学生的职业素质养成具有一定的作用,可以建立和增强学生的安全意识、质量意识、环境意识、成本意识、合作意识、创新意识,但要实现这些观念的内化,成为自觉的行为,还需要在生产环境中进行较长时间的熏陶。生产劳动教育对学生职业素质的形成至少具有以下作用:一是在现实生产环境的熏陶中实现素质养成。企业发展直接影响着职工的切身利益,企业职工的各种生产行为并不是为了"答卷""交作业",而是与生产作业的正常进行、生产管理标准的现实要求、未来的生活状况等息息相关,只有在这种环境下,学生才能真正体会到提高职业素养的必要性和紧迫性。二是在与企业职工的交往中体验劳动关系。合作能力是建立在现实的生产组织之上的,职业院校学生只有在企业生产组织中与职工共同劳动,才可能体会到各个工序之间、各个工种之间、各个班组之间需要处理的具体问题,自觉地融入生产组织生态之中,而在学校教室中的学习组织生态与生产组织生态有着本质区别,很难培养出适应生产场景和具有实用价值的合作能力;三是通过客户的意见反馈深化质量意识。书本上的"质量"只是一个概念,而生产和服务现实中的质量体现在客户满意的程度,职业院校学生只有在生产和服务过程中接触客户,才能真正理解

---

① 马克思 恩格斯全集[M].第2卷.北京:人民出版社,1979.
② 陈向阳.核心素养的职教表达与可能路径[J].当代职业教育,2018(1):19-20.

客户要求,并形成工作目标和工作计划,最后以产品和服务交出高质量的"答卷"。

3. 促进学生专业技能发展

职业教育作为一种培养实用技术人才的教育类型,最突出的特征就是将生产操作技能作为重要教育目标,"培养掌握特定技艺的职业人"①。在未来相当一个时期内,操作技能仍然是职业能力的重要组成部分,是提高生产劳动效率的基本要素。这种特定培养目标决定了职业教育不仅要靠教师(含师傅)传授间接经验,还需要在社会劳动中获得直接经验。职业院校劳动教育的目标除了培养劳动观念之外,培养专业基本技能是一个突出的基本特征。

在劳动教育中训练学生的专业技能,需要遵循以下几个重要原则:第一,显性知识深度运用原则。职业院校的理论知识教学采用"必需、够用"的原则,目的在于将知识有效而灵活地运用于生产实践之中,开展劳动教育的重要目的之一也是创造知识运用的条件,与中小学劳动教育的宽泛性不同,职业院校的劳动内容需要在关联职业中聚焦,保证学生对职业活动过程实现"遍历"。第二,默会知识动态生成原则。职业学习是理论与实践双向交互的过程,既需要将教师传授的书本知识运用于实践之中,又需要在劳动实践中发现新问题、生成新知识;在劳动教育过程设计中,需要有学生的过程观察记录和实践反思,充分体现劳动内容的教育性。第三,教育目标开放原则。在第四次工业革命的大背景下,生产劳动过程是动态变化的,越来越多的手工操作逐步地被机器代替,学生既不能由于未来的技术变革而歧视现实条件下的劳动,也不能因现实条件的限制而忽视对新知识、新技术的学习。第四,劳动内容有限范围原则。职业教育的针对性和目标性决定了必须合理规划劳动教育内容,在有限的时间内培养出高素质的技术技能人才,防止个别企业将职业院校学生作为简单劳动力使用。

4. 促进"三教"改革趋于完善

由于一些职业院校缺乏对劳动教育的顶层设计,阻碍了职业教育"三教"改革的效果。我国是一个具有所有产业门类的国家,具有最为完整的工业体系,这也是构建"国内大循环"的工业基础。但是,由于学生缺乏应有的劳动观念,在钢铁冶炼、金属铸造、焊接、化工、轮机工程、矿山开采等劳动强度较大的产业劳动领域出现了技能人才紧缺的现象,相关专业的招生十分困难;为了逃避现实劳动环境,一些职业院校竟然搞起了"校内学徒制",或是将顶岗实习环节虚置,甚至不惜弄虚作假,大搞形式主义。开展劳动教育,是深化职业教育"三教"改革的一项重要措施。

首先,劳动教育有利于优化职业院校教师队伍结构。职业教育离不开来自产业界的兼职教师,这是国内业已证明的一条重要经验。在目前的师资现状下,劳动教育,特别是在生产现场开展的劳动教育应主要由企业人员担任,学校教师处于辅助地位。这种分工不仅有利于学生劳动经验的积累,也有利于专任教师实践经验的积累,是产教融合在微观领域的具体体现。

其次,劳动教育有利于深化顶岗实习改革。尽管职业院校都安排了足量的顶岗实习时

---

① 王良,梁卿.论现代职业教育的本质[J].职教论坛,2016(22):19-20.

间,但对这一环节的实习目标、实习内容、质量标准和考核办法都缺乏详细规定,甚至出现了"有工作无学习"的现象。劳动教育明确了针对学生发展的教育目标,理顺了劳动与教育的关系,有利于顶岗实习过程的制度化、标准化和结构化,可以实现劳动过程与实习过程的紧密融合。

最后,劳动教育有利于加快推行现代学徒制。现代学徒制是在职业教育主体方面的一种产教融合制度设计,而劳动教育则是在职业教育内容方面的产教融合活动设计。劳动教育作为一项国家教育政策全面实施,一方面可以打消学生家长对于学徒制培养方式的顾虑,将劳动过程与学习过程紧密结合;另一方面可以加强学生职业素养的养成,突出了职业教育培养模式的类型特征。

5. 促进"三全"育人体系趋于完善

传统的职业院校教育侧重于知识和技能教学,忽视思想道德的培养;侧重于教学组织的作用,忽视学管组织和学生组织的作用;侧重于学校内部教育,忽视企业教育和社会教育。由于劳动教育自身的复杂性,可以倒逼"三全"育人体系的逐步完善,调动学校教学系统内外、企业和家庭等各方面的积极性,实现育人质量和育人水平的全面提升。中职学校和高职院校与企业的同步对接,也有利于现代职业教育体系的构建,整体提升职业教育质量。

在校内协同方面,可以充分发挥学管组织和群团组织的教育作用。在很长一段时间内,一些职业院校将人才培养看作教学管理部门的职责,尽管人才培养方案中强调了德智体美劳全面发展的培养目标,但对于人才培养方案的编制和实施,学生管理部门基本没有参与机会,学生更是缺少应有的发言权,人才培养方案实质上是传统教学计划的翻版。劳动教育的实施强化了学管组织和群团组织的教育作用,有利于人才培养目标的全面实现和整体水平提升。

在校企合作方面,可以充分发挥企业和企业人员的教育作用。学生劳动观念淡薄,是企业参与职业教育积极性不高的一个重要原因。在调研中,一位大型国有企业的人力资源部门负责人曾指出:目前的有些职校生不要说干活,在车间站半天都做不到。可以说,劳动教育既补上了职业教育的一块短板,真正反映了"做中学"的内涵,也让企业发挥职业教育主体作用有了具体途径。

在中高职衔接方面,可以充分发挥中职学校的基础性作用。按照我国现代职业教育体系的总体设计,中职教育在职业教育体系中发挥着基础性作用,高职教育在职业教育体系中发挥着引领作用。劳动教育将会对高中阶段的普职分流起到正确的导向作用,也会强化中职教育在技术技能型人才培养中的基础作用。中职学校开展的劳动教育主要作用在于为学生打下未来职业发展的思想基础、技能基础、认知基础和综合能力基础,是职业生涯中的重要里程碑。

总之,职业院校的劳动教育并不是简单地打上一个"补丁",而是在整个培养目标实现中具有"凝结剂"的作用,对职业教育"三教"改革具有"催化剂"的作用,对现代职教体系构建具有"强化剂"的作用。通过职业院校劳动教育的活动开展和科学总结,对劳动教育规律的认识也会不断深化,最终将形成具有中国特色的劳动教育科学。

第三节 职业院校劳动教育的有效形式

为实现职业院校劳动教育目标,需要合理选择劳动教育的有效形式,研究设计科学的教育方法,制定规范的课程标准,并持续地进行绩效评估。从目前的需要和条件来看,职业院校的劳动教育既包括显性教育又包括隐性教育,既包括理论教育又包括实践教育,既包括标准性教育又包括非标准性教育。只有采用多种教育形式的合理组合,才能实现劳动教育的多重目标。劳动教育应重点针对"巨婴现象"、吃苦耐劳品质缺乏、排斥艰苦行业和岗位等现象,以态度转变和正确价值观的确立为基本导向。

1. 专题式劳动价值教育

专题劳动教育的主要目标是树立学生的劳动价值观,形成热爱劳动、热爱劳动人民的价值取向。从学生职业发展的需求来看,劳动专题教育至少应该包括以下方面的内容:劳动在社会发展中的作用;劳动对职业发展的作用;劳动内容与劳动对象;劳动工具;生产技术与劳动技能;劳动组织;体力劳动与脑力劳动融合;劳动法律等。专题教育应该主要采用案例式教学方法,充分发挥学生的学习主体作用和教师的学习指导作用,让学生主动学习、主动思考、主动探索。

专题劳动教育既需要与思政课程相互联系、相互配合,又要保持相对独立,突出劳动价值观的培养。师资问题是当前职业院校劳动教育急需解决的一个重大问题,应采用"专兼结合、逐步提高"的解决原则,专任教师应由具备企业工作经验的校内教师担任,兼职教师可以从企业宣传部门、人力资源管理人员和劳动模范中聘任。国家教育部门应该尽快组织精干力量,统一编制《职业院校劳动专题教育课程标准》和规划教材,为职业院校实施劳动教育提供必要的教学资源。

2. 融合性生产劳动教育

将劳动教育与生产实习相融合,是职业院校劳动教育最具典型特征的教育形式。职业院校生产劳动教育可以采用三种具体形式:一是将企业顶岗实习与劳动教育相结合,以劳动教育补充、丰富、优化顶岗实习内容,以顶岗实习作为劳动教育的一种常规形式,实现专业技能与劳动素养的同步提升,强化知行合一、理实一体的人才培养模式;二是在校内实训基地进行的技能训练和公益性生产劳动,如金工实习、机电设备修理、仪器设备安装调试等;三是以学徒形式在企业完成的生产劳动,学习过程与劳动过程合二为一。

以学徒和实习方式安排劳动教育,需要在人才培养方案和实习方案中预设劳动内容及时间安排,以二维表方法找准实习与劳动教育的结合点,实现劳动教育目标和实习目标、培养目标的相互促进,避免因劳动时间过长而影响培养目标的实现。由于学徒活动和顶岗实习活动是在企业进行的,校企之间应该签订规范的合作协议,明确双方分工,确定劳动岗位和劳动内容,保障各方的合法权益;同时,应该注重企业的学徒条件和实习条件建设,企业应该具备数量充足的指导教师,一般应为正在建设的产教融合型企业。

3. 活动式公益劳动教育

社会性公益劳动活动是劳动教育的有益补充形式,可以结合青年志愿者活动,由学生自我组织、自我管理、自我教育。公益劳动应该尽可能结合专业特点,既为社会提供高质量服务,又能促进学生专业素养提升。譬如,电气自动化专业学生可以开展家电修理、路灯修理、学生公寓电气故障维修等活动,老年服务与管理专业的学生可以利用课余时间到养老机构义务照顾老人,建筑工程专业学生可以到农村帮助农民进行新型民居建设,等等。

开展公益性劳动应该坚持量力而行的原则,既积极又稳妥,防止出现意外事故。为了保证服务质量,事先应该进行充分的知识准备和技能训练,并制定相应的服务活动方案。为保证公益性劳动活动效果,应在人才培养方案中明确本专业公益劳动的主要范围和基本形式,合理安排公益劳动的实践和地点,坚持就近原则、课余原则、节约原则,并配备责任心强的指导教师,防止出现形式主义。

4. 补偿性生活劳动教育

职业院校许多学生受应试教育的不良影响,缺乏必要的生活自理能力。开展日常生活劳动教育,增强生活技能,是职业院校学生应该补上的重要一课。首先,所有学生都应学会宿舍内务整理,创造出一种文明的生活环境;其次,应该掌握垃圾分类的相关知识和技能,学会绿色生活、保护环境;再次,应该教育学生养成良好的消费习惯,不过度依赖外卖;最后,根据学校条件,适当开设一些烹调、茶艺、插花等生活技能选修课程,增强学生的生活能力。

日常生活劳动是最基本、最经常的劳动教育形式,是专题劳动教育效果的检验和生产性、公益性劳动教育开展的基础,应该列入人才培养方案和学生守则,并作为学生行为考核的重要指标。日常劳动教育主要在辅导员和班主任的指导下完成,但学校全体人员和学生家长都具有义不容辞的教育责任。

综上所述,职业院校劳动教育是实现人才培养目标的重要教育内容,既关系到学生人生观、价值观的培养,也与学生职业能力的形成密不可分。开展劳动教育,是职业院校深化"三教"改革的一项重要措施。职业院校应该因地制宜、因时制宜,将劳动价值观目标和劳动技能目标紧密结合,开展多种形式的劳动教育活动,对其他类型教育起到示范和引领作用,凸显职业院校的办学特色。

第十章 学徒制模式下的通用技能课程

1995年,联合国儿童基金会将生活技能(life skill)定义为问题分析能力、处事能力、处事方法分析能力和问题处理能力。① 概括地讲,生活技能就是一种问题解决能力,使得内在的知识、态度、价值转化为外在的行动。2014年,我国教育部与联合国儿童基金会启动"青少年生活技能开发"项目,目的是让青少年拥有健全独立的人格、良好的问题解决能力以及合作和创新精神,促进青少年社会心理能力的发展,最终能够有效参与社会生活,提高生活质量;2018年,项目参与院校从中职学校扩大到整个职业教育领域,分成理论组、课程开发组等子团队开展项目,选择了"自我认知""人际关系""情绪管理"和"问题解决"四个课程模块进行开发。② 根据项目开发方案,项目组不仅要开发出各个课程模块的高职版和中职版教材,还要形成可复制、可推广的开发方法(技术路线),引导职业院校基础性课程的开发。项目组在全国7个省区的30多所职业院校开展了大规模的理论研讨和试点行动,极大地促进了职业教育界对非专业课程开发的探索。本章主要根据"问题解决"课程开发的实践,提出一种高阶能力培养的体验式活动课程开发模式。

第一节 高阶能力及其重要性

(一)高阶能力的概念

能力(competence)是直接影响活动效率,并使活动顺利完成的个性心理特征。人类的生存需要各种不同的能力,如学习能力、工作能力、作战能力、交往能力、抗挫折能力等。由于能力构成因素的复杂性,人们对这一概念的理解也多种多样,有时会将技能视作做事的能力,也有时将最为重要的能力定义为技能。联合国儿童基金会提出的"生活技能"就是一种具有普遍适用性的问题解决能力,具体包含问题解决、批判思维、做决定、创造性思维、沟通、人际关系、自我认知、换位思考、抗压和情绪管理。③

根据作用的范围,能力可以分为专门职业能力、通用职业能力和生活能力。专门职业能力简称专业能力,是某种职业或某项工作任务所需要的特殊能力,如飞行员的驾驶能力、厨师对烹调中火候的感觉能力、产品销售中的数据分析能力等;通用职业能力是跨职业的综合能力,如创新能力、学习能力、沟通能力等,这种能力也称为关键能力;许多种生活能力在职业生活和日常生活中都是需要的,是职业能力和非职业能力的总和。专业能力与生活

---

① 沈绮云,欧阳河.生活技能教育的理论基础与价值[J].校园心理,2019(3):234-237.
② 徐杏玉."青少年生活技能开发"项目质量保证机制的实践与探索——以高职版"情绪管理"项目为例[J].常州信息职业技术学院学报,2020(2):91.
③ 沈绮云.高职生活技能教育的价值研究[J].继续教育研究,2020(3):94.

能力有时需要根据对象确定,如对于一般职业人员来说,汽车驾驶是一种生活能力,而对于职业司机来说就是一种专业能力;对青年学生而言,人际沟通是一种生活能力,但对于导游而言就变成一种专业能力。生活能力是最为通用的职业能力,较强的生活能力有利于在各种不同职业中获得成功;专门职业能力的发展也有利于通用能力的发展,如一些优秀钳工同时也具备了较强的社会活动能力。

根据能力发展的阶段,可以分为初级能力、中级能力和高级能力。初级能力是起步阶段的初始能力,能够在有经验者指导下按照规则完成一定的程序性任务;中级能力是独立解决问题的能力,同时能够发现一些新的问题;高级能力是解决复杂问题的能力,并不断地提出新的问题解决方案。无论是职业能力还是生活能力,都有一个从低级向高级发展的过程。当前正在推行的"1+X"试点,就是在获得毕业证书的同时获得不同等级的职业技能证书。

根据能力的相互作用,可以分为基阶能力和高阶能力。各种能力是相互联系、相互作用的,如果一种能力对另一种能力的生成和发展具有促进和加速作用,就认为前者是高阶的。譬如,问题解决能力决定着一名机床操作工能否加工复杂的机械零件,问题解决能力就成为机床操作工职业能力的高端部分,相对于加工能力就是高阶能力。高阶能力也被称为"软能力""心智技能""生活技能"。就如同芯片成为制约整个信息产业发展的关键因素一样,通用性越强的能力级别越高。一名职业人员职业能力发展的程度,通常取决于高阶能力所达到的水平。所谓"心有多大,舞台就有多大",指的就是高阶能力的影响。目前的高校课程改革中,已经提出了课程高阶性的要求,认为高阶性就是知识、能力、素质有机融合,以培养学生解决复杂问题的综合能力和高级思维。[①] 需要说明的是,高阶能力不同于高级能力,有些高阶能力可能是初步发展的能力(如学生宿舍中的沟通能力),有些高级操作技能也可能为基础能力(如高超的点钞能力)。职业教育不仅要培养学生的高级能力,还要培养学生的高阶能力。

在产业数字化和数字产业化的大背景下,生产过程自动化、智能化带来了职业人员的"去技能化",即一些程序性的操作技能(如点钞、装配、机械加工等)大量被机器所代替,职业人员专业能力的发展越来越依赖于高阶能力的发展。在这种社会背景下,高技能人才的概念正在由高级技能人才转变为高等技术能力人才。在新的技术条件下,智慧机器成为程序知识和技能的载体,将技能称为"具身技术"[②]的观念正在发生变化,只有创造性、不规则、无结构的高阶能力才可能成为具体的能力。

(二)高阶能力的重要性

在数字经济时代,以学科知识和低技能为中心的职业技术教育已经不能满足发展要求,培养高阶能力正在成为职业教育改革的重要目标。

首先,国家正在开展的新型基础设施建设(简称新基建)需要培养职业人员的高阶能力。我国未来10年是新型基础设施的"安装期",以5G、数据中心、云计算、人工智能、物联网等新一代数字技术为基础,形成包括购物、出行、娱乐、政务、智能制造等各类数字平台,

---

① 吴岩.建设中国"金课"[J].中国大学教学,2018(12):5-6.
② 姜大源.技术与技能辨[J].高等工程教育研究,2016(4):71-82.

提供数字转型、智能升级、融合创新等服务的基础设施体系。① 传统基建奠定了工业经济的基础,新基建则要奠定数字经济的基础。工业互联网支撑的智能制造改变了传统的生产模式,对职业人员的问题解决能力提出了很高的要求。如果不能同步实现职业人员职业能力的转型升级,新经济的动能就很难释放出来。职业人员能力转型的根本要求就是提升问题解决和协同创新能力,改变与机器"抢饭碗"的状况。

其次,构建国内经济大循环需要培养职业人员的高阶能力。在经济全球化受阻、保护主义抬头的国际背景下,我国提出加快形成以国内大循环为主体、国内国际双循环相互促进的新发展格局。② 构建以国内大循环为主体的发展体系,最重要的就是扩大消费,强化"消费带动生产""生产促进消费"的作用,改变过去以廉价劳动力扩大生产规模的状况。新型城镇化建设是扩大内需的主要动力,重点是实现城乡基础设施一体化和公共服务均等化,推进人口城镇化。一方面东部地区制造业转型升级,另一方面中西部中小城镇快速发展,都要求有高素质的从业人员。高职院校连续扩招,就是提高职业人员职业能力的重要措施。

再次,缓解大学毕业生就业压力需要改变培养目标。2020年我国有830多万大学毕业生,高职院校毕业生数约占大学毕业生总数的48%。高职大学生就业形势严峻,除了专业与社会需求错位之外,一个重要原因就是综合职业能力较弱。在人力资源和社会保障部公布的新职业中,数字化管理师和大数据从业人员规模已经超过200万,且保持着每年超过30%的较高增速;预计到2025年,相关行业数字化技术人才缺口累计将超过1000万。③ 大部分新职业都要求具有高阶能力和复合能力,在培养目标和课程体系上需要作重大调整。

最后,构建现代职业教育体系需要强化高阶能力培养体系。建设纵向贯通的现代职业教育体系,打通中职教育的"断头路",就要从中职教育开始培养学生的学习能力、创新能力、合作能力和问题解决能力,以实现各个学段的接续培养。为了适应这种职业发展导向,中职学校在招生时不仅要注重学生的文化知识,还要注重对"软技能"的考核。

第二节 通用技能课程开发模式

高阶能力与专业能力是相互作用的,具有通用性的高阶能力可以促进各种专业能力的发展,因而开发一些培养高阶能力的通识性、稳定性专门课程是非常必要的,是我国职业教育应对世界变局的基本策略。目前,职业教育课程开发研究集中在应用场景较为具体的专业核心课程方面,而对于应用场景广泛,跨专业、跨职业的基础性、通识性课程,相关研究一直处于冷门状态。面对未来产业发展的动态性、复杂性和不确定性,尽快开发出一套具有

---

① 为新基建注入强动力[EB/OL]. http://www.sasac.gov.cn/n4470048/n13461446/n14761619/n14761641/c14807825/content.html.

② 王俊岭. 展望下半年中国经济:以"新发展格局"应对"新变局"[EB/OL]. http://finance.people.com.cn/n1/2020/0804/c1004-31808935.html.

③ 新职业打开就业"新窗口"[EB/OL]. https://edu.gmw.cn/2020-07/31/content_34044988.html.

中国特色的高阶能力培养课程体系,完善学生的应用能力结构,解决职业教育发展中的系统性问题,促进职业教育的高水平内涵发展,是当前职业教育"三教"改革中的一项重要研究课题。

（一）课程模式选择

在当前我国职业教育资源相对不足的现实背景下,开发高阶能力课程需要解决"谁来开发""开发什么""如何组织内容"等问题。我国职业院校在专业核心课程开发方面已经积累了一些较为成功的经验,但也存在着态度上急功近利、方法上单纯模仿、效果上评价缺失等不容忽视的问题。开发高阶能力课程,应该在职业教育科学原理的指导下,坚持问题导向与目标导向相结合,紧贴产业数字化转型的需求,探索一种能够解决我国职业教育发展现实问题的课程模式。

1. 课程开发的主体

高阶能力课程的开发主体应采用一种合理的组成结构,汲取专业核心课程开发的经验和教训,由企业人力资源管理人员、职业院校教师和职业教育研究人员共同发挥相应的作用。职业教育是培养一线应用人才的教育类型,企业是职业院校的服务对象,对课程开发目标具有天然的发言权;企业人力资源管理人员的职能包括从事人力资源规划、员工招聘和配置、培训与开发、绩效管理、劳动关系管理等工作,对人力资源的未来需求具有高度的洞察力,可以有效防止课程开发落入普通教育课程开发的心理学范式,因而是确定高阶能力培养课程目标的基本主体。职业院校教师熟悉教学基本情况和教学规律,在教学内容组织方面最具权威性,是高阶能力课程开发和评价的核心主体,同时又是课程实施的主体,也是目前最为稀缺的教学资源。职教科研人员是课程开发的组织者、指导者和评价者,对课程开发科学性和有效性具有保障作用,是高阶能力课程不可缺少的开发主体,但科研人员需要深入课程开发现场进行指导,及时捕捉现实问题并加以解决,防止课程陷入空洞说教、形而上学的泥潭。从总体上看,课程开发的三类主体相辅相成、缺一不可。

2. 课程目标的确定

课程目标一般包括知识、能力和素质三个相互联系的方面,不存在单纯的知识性课程,也不存在单纯的应用性课程。知识性课程的最终目标是对于知识的运用,应用性课程也无一例外地涉及认知目标。知识性课程与应用性课程的区分是相对的,与系统的时间边界有关,较短周期内的知识性课程在较长周期内可能成为应用性课程。高阶能力课程的主要目标应该是培养一种对整个职业生涯都发挥作用的能力,是一种提升职业能力的能力;虽然这种能力不如专业能力那样有立竿见影的效果,但却是一个人职业能力发展的"慢变量"。我国职业教育界个别学者偏执地认为,普通教育就是培养"存储知识"的人才,职业教育就是培养运用知识的人才,无论职业工作对知识需要程度如何,相应人才都属于"技能型人才",全然不顾产业数字化转型对一线人才高阶能力的需求,实际上是犯了概念扩大化和思维诡辩化的错误,有将职业教育带向伪科学的倾向。《国家职业教育改革实施方案》提出

"着力培养高素质劳动者和技术技能人才"[①],就是对上述错误的有力矫正。

3. 课程类型的选择

高阶能力课程目标决定了这种课程应该是显性必修课程,以适应未来技术变化和职业发展的需要。这类课程的强应用性要求课程类型是以学生为中心的活动课程,而不是知识系统化的学科课程。

以高阶能力培养为目标的职业教育活动课程具有以下基本特点:一是以学生为中心,将学生职业能力发展作为基本教学目的,鼓励和引导学生主动在团体氛围中分析和解决问题;二是创设合理的学习情境,让学生顺利进入某种"社会角色",结合实际问题探索解决途径;三是综合运用所学知识,从学生熟悉的日常生活情境和矛盾冲突出发,而不是依据学科知识逻辑组织教学;四是强调教学创新,教师根据现实条件确定合理的"任务载体"和"活动载体",提高教学效果。相对于学科课程而言,活动课程的优势非常明显。首先,可以激发学生的学习兴趣,发挥学生的学习主动性,适应职业院校学生的智力特点;其次,学生通过实际生活情境获得的直接经验和问题解决能力,可以更有效地向职业情境迁移,促进专业能力的形成和发展;再次,通过活动中的学习(即做中学),学生不仅可以获得处理技术问题的直接经验,还可以获得处理社会关系的直接经验,有利于培养学生的团队合作能力;最后,通过活动课程培养学生的高阶能力,符合智能制造发展的需要和职业教育"三教"改革的要求。

(二)活动课程开发

开发具有职业教育特点的活动课程,需要逐步认清这类课程的基本规律,探索一套独有的开发模式,并在实践中逐步加以完善。根据现有的改革经验,高阶能力活动课程开发需要解决以下重要问题。

1. 课程单元的划分

如何将达成目标而进行的系列活动组织起来,构成有序的课程单元,是高阶能力活动课程开发遇到的首要问题。由于不同的能力具有不同的要素结构,课程活动的结构也不相同。譬如,解决一个问题通常需要发现问题、分析问题、制定方案、实施方案、效果评价等步骤,而且每一个步骤都包含许多更为具体的问题,就可以将每个步骤作为一个课程单元;人际关系处理需要面对同学、老师、家人、服务人员、社会人员等大量不同的对象,不同对象都需要"对症下药",就可以将一种对象作为一个课程单元;为了实现多种复杂情绪的管理,则可以采用"静心"的方法以不变应万变,可以将不同情绪的处理作为活动单元。总体而言,课程单元的排序分为直线式和螺旋式两种。直线式排序就按照总体任务的活动步骤逐步实施,直到目标达成;螺旋式排序是将一种对象、一个问题作为一个课程单元的要素,根据不同对象、不同问题的复杂程度,按照由易到难的原则逐一处理,最后实现课程目标。实际教学工作中,还可以将这两种方式相结合:在前一个阶段,按照直线方式遍历一个问题解决的全过程;在后一阶段,再设置若干个综合性的活动单元。在职业教育课程改革初期,某

---

① 国务院关于印发国家职业教育改革实施方案的通知(国发〔2019〕4号)[EB/OL].http://www.gov.cn/zhengce/content/2019-02/13/content_5365341.html.

些学者强调所有课程都采用螺旋方式,且要重复三次以上,实质上是基于朴素唯物主义哲学的一种粗浅认识。

2. 单元教学目标的确定

单元教学目标依据课程目标和单元划分方式而定,是教材编写和课堂组织的基本依据。作为一种培养能力的课程,能力目标的实现在教学中占有主导地位,但能力的构建是与知识和情感密切相关的,活动课程并不排斥知识获取和情感培养。高阶能力课程的单元教学目标,应将知识、能力和素质融为一体,强调"知行情合一"(离开情感和价值观,知行合一很难实现)。知识目标包括教师传授的间接经验和学生在活动中获取的直接经验,前者是为提高活动效率,后者是活动效果的体现;能力目标包括主要能力目标和附加能力目标,前者属于课程目标的具体要素,后者则是一些相关能力(如培养问题解决能力的同时,也会强化学生的自我认知能力、情绪管理能力、人际关系处理能力等);情感目标同样包括主要情感目标和附加情感目标两个方面,前者是达成单元总体目标所必需的态度和价值观,后者是达成课程目标和培养目标所需要的情感、态度和价值观。当前,职业院校教师对课程目标和教学目标的设计能力较弱,不同程度地存在着"重知识轻能力""重知识轻情感"等现象,在"三教"改革中应引起高度重视。

3. "支架"载体的选择

所谓支架,通常是一个具有典型性、启发性、真实性和适切性的案例、设问、建议、游戏等,能够引导学生进入问题情境,主动地建构要解决问题所需的知识。[①] 职业教育的活动课程不同于幼儿园的游戏活动,既需要有必要的基础知识,也需要生成新的知识,加深对活动规律的认识。支架的作用就是根据循序渐进的原则,将学生的已有经验与未知问题相对接,实现"做中学"与"学中做"的结合。设立支架的实质过程,是"生为学本"和"师为邦本"的有机结合。[②] 由于支架处于课程的起点,对于教学效果具有关键作用。作为支架的案例和问题应该大小适中、难度适宜、情境适当,过低或过高对学习都不能起到促进作用。由于高阶能力不是面向一个专业的,支架载体也应该是生活中的案例和问题。

4. "任务"载体的选择

高阶能力的水平高低表现为既定任务目标的达成程度,需要通过一项任务作为教学载体进行培养和检验。作为教学载体的任务应该是现实生活中需要解决的客观问题,为不同专业的大多数学生所熟悉,并且可以方便地准备教学条件。为了提高教学效率,教学任务一般应选择在教室内实施,但可以以校园内部或校外邻近区域作为教学场所。例如,为了培养学生发现问题的能力,可以选择校园内"垃圾分类问题"作为载体,通过现场观察归纳出发现问题的方法,并提出解决问题的方案。

5. "活动"载体的选择

"活动"载体是由"任务"载体决定的。确定了"任务"之后,需要根据任务和问题的性质特点,选择一个合理的"活动",即解决问题的方法和工具。例如,任务是"找出垃圾分类混

---

① 过磊.支架式教学在职业教育中的应用与思考[J].职业教育研究,2012(4):15-16.
② 欧阳河."帮学课程":迈向3.0的高职课程范式变革[J].当代教育论坛,2020(4):87-89.

乱的原因",方法可以选择"画一张鱼骨图",画鱼骨图就成为活动载体。从中可以看出,活动是外显的形式,任务是实质的内容。高阶能力课程活动应该具有现代职业学校特征,既要让学生喜闻乐见,又要具有良好的教育意义。首先,教学活动的选择应具有目的性,应该能够达成任务目标和促进学生能力发展,而不是漫无目的的娱乐活动;其次,教学活动应具备职业特点,培养的能力可以向专业领域迁移,实现高阶能力的功能;最后,教学活动需要具有现代性,适应数字化时代的技术特点,充分运用网络手段和数据分析方法,提高分析的准确性和结果的可靠性。

6. 目标与任务的整合

对于较为复杂的任务而言,根据学习需要会将其拆分成若干较小的、具体的任务和活动,一般会花费较长学习时间;在完成一系列具体任务并实现不同的具体目标后,还要整体理解各个步骤、各个部分之间的关系,以及在实现整体目标中的作用。譬如,在发现问题、分析问题、制定方案、实施方案和效果评价各个阶段,可以分别采用不同的任务载体和活动载体,更好地培养学生的发现能力、分析能力、计划能力、决策能力和评价能力;在各种具体能力提升的基础上,可以指导学生查找一个身边的学习和生活问题(上课迟到、沉迷网络、浪费粮食等),采取小组合作的方式对问题进行分析,提出整体解决方案,并亲自实践,之后召开小组总结会对结果作进一步分析讨论,给出完善方案,这从总体上对各项具体活动和任务起到了综合活动和综合任务支架的作用。

活动课程结构图如图10-1所示。

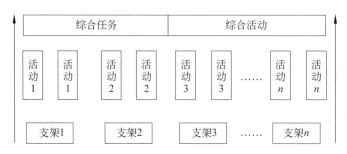

图 10-1　活动课程结构图

第三节　通用技能课程教材编写

教材是教学活动设计的结果,也是组织教学活动的基本依据。教材不是学科课程独有的,活动课程同样也需要教材。但是,高阶能力活动课程的教材在结构、内容和语言风格上都不同于学科课程教材,在编写过程中需要处理好以下几个关键问题。

1. 教材基本结构

活动课程教材的基本功能是提供"三种载体"——支架、任务和活动,对于教学活动给予必要的指导。支架出现在起始位置,起着引入的作用,是教材中一个独立的部分;任务和活动在教学设计中可以实现相互独立,但在教材中通常是融为一体的,需要具体说明"采用什么方式、方法完成什么任务";成果展示和教师点评是教学活动中不可缺少的环节,但因其内容无法预设,在教材中只能留下空间待填充,在教学过程中进行动态记录和补充;课后反思和课后作业是教材的重要组成部分,应该在教材中提出基本要求,由学生独立完成。总体而言,任务和活动是高阶能力活动课程教材的基本内容,也是教学活动的主线;每一项任务和活动都需要教师(结合学生的实际和意见)精心设计,各项任务和活动之间应该环环相扣、相互支撑。

2. 教材语言风格

职业院校的活动课程教材应具有与学科课程不同的风格,适应课程高效实施的需要。根据现有的经验,活动课程教材在语言风格上具有下述几个特征。

(1)简洁易懂。尽管活动课程也需要相应的理论知识,但应该遵循"必需、够用"的原则,不需要大篇幅的理论分析。由于教材是各个专业通用的,因而尽可能采用生活化的通俗语言,避免过多使用专业术语。如"确定方案"单元在试用版中的引言为:"本单元研究决策中确定方案的问题,包括决策的原则和决策方法。解决备选方案分析过程中需要明确的原则问题,以及通过什么样的方法进行备选方案分析,最终选出最优的方案。这是决策的关键环节。"经过修改后变为:"俗话说'条条大路通罗马',解决一个问题往往有多种方案可以选择,但是,根据当时的条件,又只能选择一个最适合的方案。为了使我们的生活更美好,应该学会在人生的各个十字路口做出正确的选择。从这个意义上说,人生又是'自古华山一条路'。"

(2)明确具体。活动课程有着具体的操作步骤,每个步骤的操作说明都必须非常明确,否则将会影响课堂效果。譬如,对于原因型鱼骨图的制作,就必须详细而清晰地说明鱼头的方向,鱼头的标注,大要因、中要因、小要因的描述要点,主骨、大骨、小骨的画法等,一个环节有疏漏,就达不到操作要求。对于一些较为复杂的方法,应该逐条说明具体要求和注意事项,让学生领会其实质和要领。例如,分析原因采用的"头脑风暴法",既允许每位学生畅所欲言、各抒己见,又有许多严格的规则,如果不能按照规则进行,得出的结果可能大相径庭。

(3)图文并茂。利用图、表方式直观地描述一项活动的操作流程和基本要求,是活动课程教材的基本特色。职业院校学生在逻辑思维和语言能力方面较弱,利用图、表方式可以弥补学生学习中的一些缺陷。

高阶能力课程是一种实用性课程,相应的教材也必然体现出实用性特征,可以采用活页式、手册式等与普通教材不同的形式。

3. 教材立体化呈现

纸质教材可以方便地为学生提供基本学习材料,但所含信息量非常有限。为帮助学生获得活动过程中所需要的大量信息,更好地处理复杂的活动细节,并不断使高阶能力得到拓展和迁移,需要建立相应的课程网站。[1] 随着智能终端设备的迅速普及,学生可以非常方

---

[1] 许琪奇,武志峰.深度学习理论下职业院校信息化教学资源设计研究[J].中国成人教育,2020(6):49-51.

便地获取网络学习资源。与高阶能力相关的生活素材是丰富多彩的,包括历史典故、影视片段、电视新闻、文艺作品、报刊摘编、校友故事、师生见闻等,这些素材经过梳理归并,都可以成为生动的学习材料。随着课程网站交互性、智能性的不断增强,学生也将逐步成为学习材料的生成者,师生之间的界限将会变得非常模糊,学习能力和创新能力将是未来社会最为通用的高阶能力。

第十一章 学徒制模式下职业教育系统的复杂性特征

黄炎培先生提出的大职业教育思想①,与系统科学理论在本质上是完全一致的,这不能不说是一种天才的创造。近年来,越来越多的学者开始以复杂系统视角研究教育问题,注重教育系统的多元性、结构性和整体性②。我国的职业教育系统不仅规模巨大,而且结构复杂,特别是在现代学徒制培养模式下,需要通过校企两个基本主体的合作,实现理论教学与实践教学的紧密结合。职业教育的复杂性来源于系统的开放性,由于直接服务近期经济发展,因而其对环境变化最为敏感,也需要更强的外部适应性和内部适应性。在产业数字化转型时期,职业教育外部环境发生了剧烈变化,只有运用系统思维才能合理地把握未来的发展趋势。我国现代学徒制运作机制还不完善,一个重要原因就是尚未认清职业教育系统的复杂结构和复杂过程,常常利用简单方法处理复杂问题。如当新生素质达不到应有要求时,就降低人才培养目标;当现代学徒制试点工作受阻时,就加大投入建设校内生产性实训基地;由于质量监控要素和工具过多,就根据职业院校内部机构现状进行简化,而忽视企业学习过程;等等。简单性问题不能复杂化,复杂性问题同样也不能简单化。职业教育要实现高质量发展,就必须树立系统观念,在系统科学和复杂性科学的指导下解决数字化转型背景下新产生的一系列多元性、非线性、动态性、开放性问题,形成中国特色职业教育理论体系。

第一节 内部结构和过程的复杂性

职业教育与基础教育具有大体相同的外部环境,但其内部结构和运行过程却更加复杂。认清职业教育的内部复杂性,才能更好地适应外部环境要求,完善系统的社会功能。

1. 目标复杂性

职业教育系统目标既是内部要素结构的功能体现,自身也具有复杂的结构。目标复杂性是职业教育过程复杂性的集中表现。

首先,职业教育目标是职业性要求与教育性要求的统一体。职业教育系统的运行不仅要遵循人的成长规律和技术技能发展规律,而且要适应企业转型发展需要。与普通教育不同,职业教育系统的人才培养目标不是由职业技术院校单独决定的,企业作为用人单位对培养目标具有天然的决定权;同时,为了保证学习者的终身职业发展,人才培养目标也不能

---

① 李梦卿,杨秋月.黄炎培职业教育思想的基本特征、影响及现代应用[J].教育与职业,2017(2):5-10.
② 苗东升.教育的复杂性探析[J].河池学院学报,2017(4):81-86.

由一个企业决定，而应由一个校企联合组织（如职教集团、现代学徒制联盟）来决定。离开培养目标的教育性，不利于社会长远发展；离开培养目标的职业性，不利于实现充分就业，也就不能体现类型特征。

其次，职业教育目标是人才培养与技术服务的统一体。技术技能人才培养和技术服务是一对相互联系的目标，互为条件、相伴而生。随着人才培养目标要求的提高，对技术服务的要求也会越来越高。中等职业教育以培养解决程序性问题的技能型人才为目标，教师应在单项工艺、单件产品加工上开展服务；专科层次职业教育以混合型的技术技能人才为培养目标，应在综合生产工艺和新产品研制上开展技术服务；本科职业教育培养能够解决复杂技术问题的技术型人才，则应在新技术、新工艺、新产品开发上开展服务，建立企业技术中心。

最后，职业教育目标实现程度需要由学校和企业共同评判。若单纯地站在学校立场上，在教育目标上极易出现通用知识、通用技能、长远目标方面的偏向，不利于解决企业发展中的现实问题；若单纯地站在企业立场上，又很容易忽视人才的成长规律，注重企业的短期利益而损害学生的长远利益。比如，在现代学徒制试点中，企业希望学生在一个岗位上稳定地工作，而学校则希望学生熟悉多个工作岗位，并获得跨职业的知识和能力。职业性目标和教育性目标的统一，有赖于学校和企业形成共同的价值观，从整体、未来和社会的视角观察和分析问题，而不是从局部、暂时和经济的视角考虑问题。为了保证价值观的统一，进入职业教育系统的企业应该满足必要的条件，如具有长远发展规划和技术发展目标、较大的经济规模以及社会责任心等。职业教育目标的内容和结构都是动态变化的，需要依据专业转型的要求而不断调整。

2. 主体复杂性

职业院校和企业是职业教育的两大基本主体。合理构建两个基本主体之间的关系，是职业教育改革中的焦点问题和现代学徒制推行的基本问题，也是导致职业教育系统复杂性的基础因素。从我国职业教育改革实践来看，校企合作教育的复杂性不仅是增加了一个合作主体，而是由于两个主体之间的异质性（学校公益性与企业营利性）、不均衡性（学校发展水平与企业发展水平）、不对等性（一个主体经常忽视另一个主体的存在），形成一种"貌合神离"的伪合作关系。这一问题不解决，就无法找到职业教育的突破口。

导致这种校企合作复杂关系的原因主要有以下几个方面。

第一，职业院校具有脱离经济系统的偏好。职业院校是我国职业教育改革的主体，在推行校企合作过程中处于主导地位。在经济粗放式发展的环境下，我国的职业院校是封闭运行的，招生和就业渠道都很通畅，并没有意识到双主体合作教育的重要性。随着企业转型升级，对职业教育质量的要求也随之提高，封闭式教育的缺陷也就显露出来，校企合作成为一种必然逻辑。但是，由于校企合作使管理成本和工作难度骤增，在质量监控机制还不完善的条件下，一些职业院校便采取了"名义合作"的策略，希望完善校内实践教学条件，将应由企业承担的教学职能转到学校，在内部实现"理实一体化教学"。尽管这种模式在某些工艺性较强的专业取得了一定效果，但由于无法从根本上解决教学过程的开放性问题，反而使问题变得愈加复杂。比如，现代学徒制本来是一种双主体共同育人的培养模式，但在试点工作中，许多试点院校反映"企业不参与"，显然没有触及改革的实质。

第二,企业存在"搭便车"的经济行为。由于我国劳动力流动性过高,企业投入的人力资本极易流失。在这种条件下,企业在市场中"挖人"更为划算[①],不加入职业教育系统实质上是一种经济理性。尽管许多企业名义上参加了校企合作活动,但并没有发挥人才培养主体的功能,而是仅仅作为一条获得廉价劳动力的途径,或是作为一种联谊活动(此时校企之间构建了一种社会子系统,而不是教育子系统)。当然,"挖人"行为也会导致劳动力成本上升,只有当"挖人"成本高于人才培养成本时,企业才可能实质性地参与职业教育活动。日本正是利用终身雇佣和年功工资制度,才促进了企业主导的职业教育开展。[②]

第三,法律没有明确校企之间的合理分工。国家作为社会公共利益的维护者,通过颁布法律调节社会关系是一种基本措施。德国、英国等发达国家都是通过《职业教育法》《学徒制税法》等法律,明确了企业与职业院校在职业教育中的权利义务关系,维持了该系统的正常运行。我国现行的《职业教育法》是1996年颁布的,由于当时的条件限制,没有充分认识到职业教育的高度复杂性,只是明确了"学校职业教育"的实施主体,并没有明确规定职业学校与企业之间的分工合作关系[③]。因此,无论是企业不参与职业教育活动,还是职业院校人才培养目标不适应企业要求,都不属于违法行为;而职业院校为寻求校企合作开展的一些没有明文规定的行动,由于违反一般教育活动常规,极易受到法律追究。

3. 对象复杂性

职业教育是终身教育的一种重要形式,教育对象在地区、职业、年龄、性别等方面的分布十分广泛。教育对象的复杂性必然会带来教育目标、教育内容、教育形式和教育规模的多样化,很难采用一种整齐划一的模式,而且各类教育对象之间还会相互影响、相互联系,对整个职业教育系统的行为起到决定性作用。我国是一个具有14亿人口的国家,东西南北经济发展又很不均衡,这就决定了我国职业教育的对象类型和特点是最为丰富的。

在当前的职教改革中,在教育对象方面面临三个重要问题。

一是针对农民工的职业教育与培训。我国有近3亿农民工,其中半数左右为40岁以下的青壮年农民工。[④] 这些农民工多数都具有学习现代技术的愿望和能力,但教育机会严重不足。[⑤] 尽管我国从2019年开始每年在高职院校扩招100万农民工、下岗职工和退役军人,但对于这样一个数以亿计的庞大群体而言只是杯水车薪。在未来30年的时间内,能否很好地解决这一群体的教育培训问题,直接关系到我国现代化的进程。这一问题的实质,就是处理好中学毕业生职前学习与在职人员培训的关系,创造出中国特色的职业教育模式。

二是针对乡村建设人才的职业教育与培训。我国是从一个传统的农业大国快速迈入

---

① 汤霓,王亚南,石伟平.我国现代学徒制实施的或然症结与路径选择[J].教育研究,2015(5):56-59.
② 余祖光.发达国家技能形成制度的理论与案例分析——基于政治经济学的视角[J].教育与职业,2020(20):20-21.
③ 中华人民共和国职业教育法[EB/OL].(2005-05-25)[2021-02-25].http://www.gov.cn/banshi/2005-05/25/content_928.htm.
④ 2020年农民工监测调查报告[EB/OL].(2021-04-30)[2021-05-11].http://www.stats.gov.cn/tjsj/zxfb/202104/t20210430_1816933.html.
⑤ 邓文勇.人口产业结构变动趋势下的新生代农民工教育培训应对[J].现代教育管理,2018(7):84-85.

工业化国家行列的,农业农村人才问题是一个独特问题。一方面,农村振兴需要一大批懂生产、会经营的农业实用技术人才,推进农业高效化、多元化、现代化;另一方面,乡村振兴也需要一大批传统手工业人才、乡村建设人才和电商人才。① 这些人才主要靠职业院校培养,是职业教育的重要教育对象;乡村人才振兴,需要率先振兴面向乡村的职业教育。实现面向城市职业教育与面向乡村职业教育的协调发展,是我国职业教育系统的重要任务。

三是针对老年群体的职业教育与培训。最近30多年来,我国总和生育率一直远远低于更替水平,目前已接近人口高峰并随后进入人口负增长阶段;由于医疗条件的改善和人口结构的特殊性,我国人口老龄化将呈快速增长趋势,预计2034年65岁及以上老年人口占总人口比重将超过20%,进入超老龄社会。② 在老龄人口中,80%以上为活力老人,可以继续为社会工作,面向老龄人口的继续教育也就成为一个新的课题。我国正在实施的"银龄讲学计划",就是充分利用老年人力资源的一种新的尝试。

4. 内容复杂性

职业教育内容的复杂性是由产业发展需求的多样性、动态性、交互性所决定的。我国产业门类齐全,在联合国标准产业分类中,拥有41个工业大类、207个工业中类和666个工业小类,是目前全球唯一拥有全部工业门类的国家。为了强化职业教育内容对产业发展的适应性,当前面临着以下几个难点问题。

一是组建面向行业的专业群。在封闭办学的背景下,职业院校之间缺乏必要的分工,学校与企业之间是一种整体对接方式,专业设置主要依据内部条件,针对性和精准性较差,而且很难形成职业院校的比较优势。专业设置简单化导致了职业院校的同质化,并成为阻碍教育质量提升的基本因素。解决上述问题的基本途径是依据区域产业结构构建面向不同行业的专业群,人才培养规模和专业结构适应产业规模和产品结构。由于职业院校传统的教学组织是依据学科结构组建的,专业群组之间异质性强,教学成本较低,组织管理较为简单;面向行业的专业群构建需要教师和设备的重组,组织管理较为复杂,教学成本也会有所提高。可以说,专业重组就是以内部专业结构的合理性应对外部环境的复杂性。

二是开展职业院校专业数字化改造。由于企业正在实施数字化转型,以工业互联网改造传统生产和经营过程,对一线人才普遍提出了数字化技能要求,因而各类专业都需要进行传统知识、技术与数字化知识、技术的融合。专业数字化改造的过程,实质上是伴随产业转型升级而进行的专业转型升级和课程转型升级,是一个课程系统性动态调整的过程。由于我国职业院校已经进行了一轮项目化课程改造,目前数字化改造的任务主要有项目课程增减和原有项目内容增减两个方面。比如,在制造类专业,"MES系统运用"将成为每个专业必须增加的课程。

三是开发高水平工作手册式专业教材。适应实践教学强化和企业现场学习的需要,在职业技术领域需要开发一大批工作手册式、新型活页式教材。传统的学校本位职业教育以校内教学为主,企业顶岗实习没有标准化目标和结构化学习内容,教材主要在校内使用,用

---

① 中办、国办印发《关于加快推进乡村人才振兴的意见》[EB/OL].(2021-02-23)[2021-02-26]. http://finance.sina.com.cn/china/gncj/2021-02-23/doc-ikftpnny9312134.shtml.
② 黄匡时.新中国70年人口变迁:回顾与展望[J].福建行政学院学报,2019(4):45-47.

于顶岗实习的教材较少。在学徒制模式下，企业成为重要的教育主体和实践教学的主要场所，教学内容结构和教学管理都变得更加复杂，采用新型教材已是大势所趋。工作手册式、新型活页式教材就是适应企业生产现场教学而设计的一种教材形式，教材内容与工作内容逐一对应，教学标准与职责标准保持统一，这样也就更加适合产业导师（又称企业师傅、兼职教师）使用。

5. 条件复杂性

与普通教育相比，职业教育需要系统的实践教学条件，在人员结构和设备结构上远比基础教育复杂。

职业教育条件的复杂性有以下几个重要特征：一是人员条件与设备条件是紧密联系的。职业教育的人员条件和设备条件、学校条件和企业条件是一个整体，缺少任何一个方面或是各个方面结合不够紧密，都会影响教学运行，甚至完全导致全部投入的失效。比如，由于具有丰富企业经验的教师缺乏，一些职业院校的高档数控机床处于闲置状态；一些早期的远程教学设备，未经使用就直接被淘汰。

二是条件的改变是非线性的。依靠简单地"加大投入"，并不能有效改善职业院校的教育教学条件。特别是在人员条件上，由于需要全体人员的整体协同，仅靠补充少量高层次人员，不仅难以提高绩效，而且有可能增加内耗。因此，教学条件的完善需要系统化的整体设计，而慎用渐进式的、"毛毛雨式"的"逐步完善"。并且，在外部环境和系统目标发生改变的条件下，人员和设备的少量淘汰可能要比少量补充更为有效。

三是人员标准和设备标准是动态变化的。系统的内部条件要依据外部环境的要求，环境改变会导致内部条件标准要求的改变，没有一成不变的条件要求。比如，20 世纪末购置的数控机床，由于精度较低且不具备构建物联网所要求的传感器和网络接口，其改造成本甚至可能高于新型设备的购置成本；一些"积极肯干"的教学管理人员，由于知识严重老化及管理理念落后，可能会比积极性差的人员更加有害。

四是实践教学条件准备重心在企业。职业教育有学校和企业两个教育主体、两个教学场所，企业是实践教学的主要场所。由于我国工业体系的完整性和生产过程的复杂性，试图在校内建设全部实践教学条件注定是徒劳无益的。之所以将企业划入职业教育系统的要素，就是因为企业设备和人员可以兼具生产和教育两种功能，从而提升资源利用效率，降低职业教育成本。如何开发企业的教育功能，是当前我国职业教育改革的一个重大问题。

五是实践教学人员条件具有模糊性。人员与设备的不同在于具有主动性和自组织性，每个实践教学人员的能力都是非线性的。同样的人员，由于制度的改变和组织机构的不同，工作绩效可能会出现重大改变。而且实践教学人员的合格标准很难定量化，一个具有三年实践经验的技术人员可能要比具有五年经验的人员能力更强；一名财经专业的车间人员，由于长期实践的结果，也可能成为一名优秀的软件工程师。

6. 层次复杂性

这里所说的层次具有两个方面的含义：一是职业教育系统的人才培养目标具有多种层次（如英国将学徒制分为 2～7 级）；二是一个人才培养系统（校企组合体）内部可分为决策层、管理层、执行层等多个层次，如校企理事会、专业教学委员会、教研组、专兼职教师等。

从目标层次来看，由于我国经济社会发展的不均衡性，中等、专科、本科、硕士、博士层次的职业教育都具有较大的需求。在劳动密集型和资本密集型企业，对中等职业学校培养的技能型人才和专科学校培养技术技能人才有着强烈的需求，由于劳动条件不够理想，常常出现普通劳动力紧缺的现象，同时也有一些普通高校的本科毕业生在一线岗位从事操作性工作；在已经实现数字化转型的技术密集型企业，对高层次应用技术人才需求强烈，而对传统的操作技能型人才不再具有强烈需求。前一类企业参与校企合作的目的可能是获得足够数量的廉价劳动力，而后一类企业具有合作培养人才的内生动力。

从内部结构层次来看，在决策层、管理层、执行层都存在着较为复杂的问题。首先，校企合作理事会（如职教集团理事会）、专业教学委员会的职能和法律地位不够明确，缺乏清晰的治理结构，决策程序不够规范，对执行层的监督缺乏具体途径，多数情况下企业方的权利还无法得到保证；其次，校企合作组织与职业院校内部行政机构的关系还没有理顺，前者常常处于后者的附属地位，实际上将企业作为了职业教育系统外部的环境因素，而不是内部组成要素；最后，企业内部尚未构建职业教育的执行层，校企合作活动经常由人力资源管理部门参与，不少企业缺乏与生产组织（车间、工段、产线等）相对应的培训机构，在人才培养上没有形成闭环系统，从而也使得校企合作决策机构、管理机构的活动效果受到制约。

7. 过程复杂性

职业教育的过程复杂性包含三层含义：第一，职业教育学习在学校和企业两个学习地点交替进行，以学徒制、顶岗实习、半工半读等方式合理分配在校学习与在企业学习的时间；第二，完整的职业教育学习过程需要经历从新手到专家的发展过程，其中包括从非职业人员到职业人员的嬗变；第三，与普通教育不同，职业教育的每个学习者有着不同的路径，具有更强的选择性，可以实现符合学习者特点的个性化学习。显然，过程复杂性是与结构复杂性相互交织的，结构复杂性是过程复杂性的原因，过程复杂性是结构复杂性的必然结果。

由于认识的局限和条件的限制，我国一些职业院校对本来非常复杂的教育过程进行了简单化处理，一个重要标志就是所有学习者采用一个完全相同的"人才培养方案"，通常要在学校学完规定的课程后，在毕业前到企业进行半年以上的顶岗实习。由于顶岗实习处于在校学习与就业的过渡阶段，而且相当一部分毕业生要留在实习企业就业，这样实习与就业的界限就变得非常模糊，进一步强化了职业教育过程的复杂性。这种复杂性问题简单化处理的现象在我国职业教育领域大量存在，其结果都使得问题更加复杂化。比如，在教学诊改工作中将企业排除在诊改主体之外，在实行学年制的条件下无限制地降低新生录取分数，不规定顶岗实习的具体内容和过程，等等。许多职业教育理论研究者感到遇到的问题都"很难"，其根本原因就在于对结构和过程进行了简化，没有采用复杂性科学方法解决复杂性问题。

一个不可忽视的现象是，在我国职业教育子系统中，研究人员规模及组织化程度明显低于其他教育子系统，实际上是整个社会系统忽视了职业教育结构和过程的复杂性。为了实现职业教育高质量发展，构建起具有中国特色的现代职业教育体系，现在必须正视这种类型教育的高度复杂性，尤其是在教育科学研究领域，需要尽快建立一支与职业教育复杂性问题相适应的研究队伍，成倍扩充研究人员规模，以非常规速度提升研究工作水平。

第二节 外部生态环境的复杂性

与普通教育相比,职业教育与外部环境有着更加密切、更加直接的联系。外部环境的复杂变化,将会导致职业教育子系统组成元素、内部结构和运行过程的改变。职业教育这种与外部环境共生共长、相互依存的关系,不仅增强了这种教育类型的外部功能,也造成了这种类型教育模式的多样性和易变性。观察世界发达国家的职业教育,无一例外地都解决了职业院校与企业之间的结合问题,同时在结合方式上又体现出了不同的特点。

1. 国情差异

我国用70多年的时间走完了发达国家200多年的工业化道路,这就注定了我国的职业教育必须采用一种中国特色的发展模式。从各个发达国家的成功经验中总结一般规律是必要的,但必须再经历一个"从一般到特殊"的过程,简单地照搬照抄任何一个国家的模式都会失败,原因就在于我们不可能模仿别国的历史发展过程和整个社会结构,更不可能复制整个社会文化系统。况且,各个国家的职教发展模式都在动态变化之中,没有一成不变的最佳模式。

工业化与信息化相融合的现代化道路导致了产业的多样性,这种多样性又导致了技术技能人才需求的多样性,既需要按照规定程序完成工作任务的操作型人才,也需要不断改进技术工艺的创新型人才。2019年我国就业人口达到7.7亿人,其中第一产业为1.9亿人,占25%;第二产业为2.1亿人,占27.5%;第三产业为3.7亿人,占47.5%。[1] 2020年,我国技能人才总量达到2亿以上,其中高技能人才达到5000多万人,大多数为中低技能人才。[2] 随着产业不断转型升级,第一产业从业人员将会大幅减少,第三产业从业人员将会大幅增加;第二产业对低技能人才的需求将会大幅减少,对高技能人才的需求将会大幅增加。"有的工作没人做,有人找不到工作",是我国在经济转型过程中发生的一种结构性失业现象,其实质是需求与供给之间的不平衡。导致这种结构性失业的基本原因有两个方面:一是高端人才培养能力较弱,不能较好地适应产业发展需求;二是雇用低端劳动力的企业劳动生产率过低,不能适应社会发展需求。不适应社会发展需求的企业将会被迫转型,走上主要依靠技术进步和劳动力素质提升的轨道,问题最终将归结为对高端人才需求的增加。因此,对高端技术技能人才增加是产业转型过程中的总趋势,"普工"招工难现象只是一种暂时现象。

德国的"双元制"职业教育的特征是在国家法律框架下行业、企业和学校明确分工,这一经验的确具有普遍的借鉴意义,但德国崇拜工匠的文化传统在我国传统文化中是不具备的,而且我国行业组织的发展壮大还需要一个较长的过程。英国注重学术教育的传统与我

---

[1] 按三次产业分就业人员数[EB/OL].(2019-03-01)[2021-02-28]. https://data.stats.gov.cn/easyquery.htm?cn=C01&zb=A040D&sj=2019.

[2] 国新办举行就业和社会保障有关情况发布会[EB/OL].(2021-02-26)[2021-02-28]. http://www.mohrss.gov.cn/SYrlzyhshbzb/dongtaixinwen/buneiyaowen/rsxw/202102/t20210226_410154.html.

国有相近之处,其学位学徒制以及学徒制税的做法对于解决我国学徒制改革中的问题也具有较强适用性,但英国是工业文明最为悠久的国家,我国企业对于学徒制税的承受力与英国有着较大差距。日本企业办学、终身雇佣的机制体现了很强的系统思维,但我国的企业和企业家都较为年轻,劳动力的高流动性体现了与日本完全相反的特征,离开政府的"他组织"作用难以做到"校企一体"。

因此,我国的职业教育改革需要正视"摊子大、经验少,队伍大、人才少,决心大、办法少"的现状,依靠政策的宏观设计、政府的强力推动和资源的超常投入,突破转型升级的临界点,支撑现代化经济体系构建。

2. 地区差异

我国东西部地区处于不同的产业发展阶段,对技术技能人才的需求有着明显差异。东部发达地区已经率先实现了由要素驱动向创新驱动的转变,对具有工艺创新能力的高层次应用技术型人才需求强烈,已经超越了以中等职业教育为主体的阶段;西部地区刚刚进入重化工业阶段,劳动密集型产业仍有一定的比重,对中等职业教育仍然有强烈的需求;中部地区的典型特征是发达城市与较为落后的乡村并存,人才需求及职业教育最具多样性,甚至可以说中部地区的职业教育发展模式是我国的典型模式。我国的地域广泛性和发展不均衡性,也决定了其职业教育发展只能多种模式并存,在规模、层次、规格上采取不同标准,而不能简单地采用某一国家或地区的发展模式,以适应本区域经济发展要求。

职业教育模式的多样化与标准化是我国教育现代化发展进程中的一个基本矛盾。标准化是工业化的要求,带有较大的强制性和必然性,我国的现代化不能逾越标准化发展阶段;多样化是信息化的必然结果,是现代化的典型特征,没有多样化同样也不能实现现代化。正确处理标准化与多样化之间的关系,是我国职业教育发展中最为棘手的一大难题。

3. 产业差异

与复杂的产业结构相适应,我国具有世界上专业最为齐全的职业教育体系。目前,我国职业教育的19个专业大类为:农林牧渔大类、资源环境与安全大类、能源动力与材料大类、土木建筑大类、水利大类、装备制造大类、生物与化工大类、轻工纺织大类、食品药品与粮食大类、交通运输大类、电子信息大类、医药卫生大类、财经商贸大类、旅游大类、文化艺术大类、新闻传播大类、教育与体育大类、公安与司法大类、公共管理与服务大类。仅以装备制造大类为例,就包括了7个专业类的65个专业。在长期的办学过程中,各个专业大类都形成了自身特色,表现出与其他专业大类的不同特性。

农林牧渔、资源环境等大类专业因工作条件艰苦,吸收从业人员难度较大,企业参与职业技术人才培养的主动性较强;制造类专业由于"机器换人",对操作技能型人才的需求大量减少,而对技术开发岗位人员的需求大量增加,企业参与人才培养的积极性较差;财经、教育等专业大类深受考生欢迎,但培养质量备受争议,就业稳定性较差,具有层次不断提升的明显趋势;生活服务类专业招生较为困难,但就业前景广阔。与我国的产业政策相适应,不同大类的职业教育专业也应实施差异性政策,分别给予激励和限制。

4. 职业差异

工业机器人和人工智能等新技术的应用,对劳动力市场将产生重大影响,也必然会波及职业教育领域。新一代信息技术对不同职业人员的影响如下：①对制造业中的低技能人才具有较大的替代作用（有人称之为"去低技能化"），这些人将向服务业转移；②对制造业中高技能人才的需求将会增加；③服务业中各类人才的需求均会增加。[①] 由此可以看出，技术进步对职业高等教育具有拉动作用，而对制造业领域的中等职业教育将会带来较大冲击；从整体上看新技术应用对职业教育是一种利好，但将会使职业教育的层次结构发生较大变化。

为了顺应新一次工业革命的潮流，我国对不同的职业教育领域应该有保有压，有增有减，而不是一味地增加投入。结构优化是一种"扬弃"的过程，目的是提高整体教育质量；不能放弃某些领域，将会对整体质量产生影响。在制造业领域，我国应大力培养工艺工程师、技术员、技术工人等高技能人才；在服务业领域，我国应大力培养面向老龄化社会的家政服务人才。

---

① 韩青江,韩民春.机器人技术进步对劳动力市场与社会福利的影响研究[J].技术经济,2020(1)：44-48.

第十二章　职业院校管理行为简单化问题矫正

职业院校面临问题的复杂性与治理能力薄弱是我国职业教育现代化过程中的一个基本矛盾,这一矛盾在现代学徒制试点过程中表现得尤为突出。职业技术教育成为与普通教育同等重要的教育类型,一个重要标志就是需要以系统科学方法处理整体性、开放性、动态性、非结构性的特定复杂问题,而不是模仿普通教育的办学模式;但在现代学徒制试点中,面对动态的外部需求和高质量发展的内部要求,相当一部分职业院校采用了简单化的思维和行为方式。充分认识职业教育类型特有的复杂性,是实现职业院校治理能力现代化的一个基本前提。职业院校行为简单化问题不解决,就无法探索中国特色学徒制。

第一节　职业院校管理行为简单化的问题表征

职业院校管理行为是学校整体行为、群体行为和管理人员个体行为的综合体,其中个体行为是整体行为的基础,整体行为是个体行为的整合。职业院校管理行为简单化的基本特征是缺乏系统思维,忽视区域经济发展和学生职业发展的多样化需求,割断了校企之间、师生之间的双向联系,导致学校管理系统僵化,不能实现高质量发展。

为了发现职业院校管理方式中的问题,课题组对227名职业院校人员进行了网络问卷调查。调查对象中,中职学校人员占22.77%,高职院校人员占69.64%,本科院校人员占7.59%;学校领导占4.91%,一般管理人员占58.04%,教师占37.05%;高级职称人员占50.89%,中级职称人员占38.84%,初级职称人员占10.27%。调查对象涵盖了东部、中部和西部的27个省份,其中东部占56.7%,中部占25.45%,西部占17.85%。

调查结果显示,职业院校管理行为简单化主要表现在发展方式、专业设置、课程设置、培养目标、教学过程、教师发展、质量监控等方面。

1. 发展方式要素驱动

多数职业院校加快发展和弥补短板的基本思路是"加大投入",制度创新和校企合作尚未成为驱动发展的主要因素。有62.95%的被调查者认为学校发展的首要因素是"争取重大项目",70.09%认为是"建设实训基地";两项指标均明显高于"引进和培训教师"(52.68%),表明人的因素尚未被职业院校充分重视。认为"人才培养模式改革"是学校发展首要因素的被调查者占72.77%,其中东部院校明显高于西部院校,双高(骨干)院校明显高于普通院校。[①]

[①] 调查问卷中采用了多选项,后同。

2. 专业设置考生导向

由于人才培养具有适度超前性,职业院校专业设置应该根据区域产业发展规划而动态调整。在现代学徒制等培养模式中,专业设置及招生规模是校企双方共同决定的。在产业发展需求、考生学习意愿和学校办学条件之间,往往存在较大的差距。职业院校是依据自身条件、考生意愿设置专业,还是根据产业发展需求合理地创设办学条件和引导考生,是决定其外部适应性的一个关键问题。调查对象中,58.04%的人认为专业设置是"由系主任和专业带头人决定"的,54.02%的人认为专业设置"由学校领导决定";两项指标明显高于"校企合作决定"(50%),表明"双元育人"的类型特征尚未得到职业院校的充分认同。

3. 课程设置内部导向

相对于专业设置,课程设置具有更强的灵活性和动态调整性。职业院校需要通过课程设置和教学内容调整来适应产业技术变化,迎接第四次工业革命的挑战。但是,许多职业院校目前尚未建立起依据技术进步动态调整课程设置的合理机制。调查对象中,78.13%的人认为课程设置是由系主任和专业带头人决定的,表明职业院校课程调整机制尚不完善。

4. 培养目标片面化

人才培养目标是确定课程标准、调整教学内容的基本依据,是反映教学改革价值取向的"风向标"。职业院校管理行为的简单化突出地表现在教学改革理念和措施的简单化,不少院校改革目的和改革重点并不明确,而是带有明显的形式主义倾向。很长一段时间内,许多职业院校不惜重金投入实训基地建设,特别是在参赛训练设备上投入较大,而对全体学生的发展和学生的全面发展较为忽视。调查发现,被调查者认为职业院校"忽视了学生的品德和情感发展""忽视了学生的社会能力发展""忽视了学生的批判性思维能力培养"的比例分别达到28.13%、39.29%和43.3%。

5. 教学过程内卷化

教学管理简单化的一个重要表现就是教学过程内卷化,重视学校内部的教学场所、师资队伍、教学设备建设,严重忽视企业职业教育资源的利用。尽管一些职业院校名义上开展校企合作,但对提升人才培养质量的实质性影响较小,甚至出现了将学生作为廉价劳动力和牟利对象的现象。调查中,49.55%的被调查者认为"企业人员的实践教学能力总体来说高于学校教师",但有50%以上的被调查者不认同这一观点;对于企业人员参与人才培养,仍有少数被调查者认为"作用不大或者没有可能"。

6. 教师发展机械化

教师是提高人才培养质量最重要的因素,也应该是教学管理中的一个关注焦点。但是,目前多数职业院校教师的职业发展缺乏统一标准和个体规划,职业能力提升的主要方式就是简单划一的集中培训,尚未建立职业素质测评和退出机制。调查结果显示,23.21%的被调查者认为教师应"到师范院校进修",93.3%的被调查者认为教师应"到企业实践",75%的被调查者认为教师应"到高水平职业院校访学",表明职业院校教师尚未充分认识"双师素质"的内涵和重要性。

7. 内部质量监控浅表化

构建职业院校内部质量保证体系是实现治理现代化的一项重要内容,也是矫正管理简单化倾向的重要措施。但是,由于目前的内部质量监控有效性较差,导致许多管理问题恶性循环。调查结果显示,认为目前内部质量监控措施"无效"和"基本无效"的被调查者占到了47%。在学校、专业、课程、教师等层面开展的教学问题诊断中,均存在着避重就轻、避实就虚、避内就外等现象,或忌病讳医,或千篇一律,对于促进教学质量提升作用不强。

8. 绩效考核主观化

科学的绩效管理是促进管理改善的重要手段,也是消除管理简单化现象的有效措施。调查中,认为职业院校绩效考核"过于主观""过于简单"的占到了被调查者的64.29%。由于绩效考核本身需要运用复杂方法,处理大量的过程数据,职业院校的考核过程显然过于简单化。

9. 管理职能碎片化

职业院校一般都设置招生就业、教务、学务、总务、研发、人事、设备、财会、质量等职能部门,分别完成相应领域的计划、协调、评价等管理工作,共同服务于学校的总体目标。多数情况下,管理部门之间均有着复杂的紧密联系。比如,课外学生活动需要服务于总体人才培养目标,设备管理工作需要服务于专业教学需要,等等。但是,由于部门绩效考核只关注最直接的职能指标,而忽视对学校总目标的有效程度,导致了管理职能的碎片化和无效化。调查中有43.3%的人认为所在学校的教学管理与学生管理"实现了紧密联系",55.36%的认为"基本是'两张皮'",甚至有1.34%的人认为"没必要实现联系"。在简单化思维模式下,教学质量不高就是教学管理部门的责任,教师科研水平不高就是科研管理部门的责任,毕业生对口就业率低就是就业服务部门的责任;在外部环境和内部条件基本稳定的情况下,学校系统可以正常运转;但对于经济环境的快速变化,职业院校很难适应,最终将会导致整个组织的失败。

总之,职业院校简单化的管理行为忽视了职业教育特有的主体多元性、模式多样性、内容动态性、系统开放性,盲目比照普通学校的管理方式,不能以全面和发展的观点分析和处理问题,违背了辩证唯物主义的基本原理,导致对经济发展的适应性不强、人才培养质量不高。

第二节 职业院校管理行为简单化的原因图谱

职业院校管理行为简单化是学校内部因素与外部环境因素交互作用所造成的,两种因素缺一不可。同时,行为简单化的因果之间也是相互交织的——管理行为简单化既维持和强化与之关联的内部因素,也孕育消除行为简单化的行为要素;管理行为简单化因外部环境无序而生,又导致学校与外部的矛盾冲突。深入分析导致职业院校管理行为简单化的内外因素,并厘清这些因素之间的层次关系,是消除简单化行为的基础。借鉴企业质量控制方法,根据对行为简单化作用的直接性,现将内外影响因素划分为大要因、中要因、小要因三个层次。

1. 大要因分析

大要因是指导致职业院校管理行为简单化的最直接、最主要的内外因素。下面从办学模式、培养模式、课程模式、教学模式和教师发展模式5个方面,对职业院校管理行为简单化的形成机制进行剖析。

从办学模式方面看,目前职业院校主要依靠政府财政投入办学,尽管国家已经确定了"由政府举办为主向政府统筹管理、社会多元办学的格局转变"的改革目标[①],但企业对于投入职业教育积极性不高,推进职业院校混合所有制困难重重。在"生均拨款"的经费投入体制下,一些职业院校最为关注"招生人数"和"就业率"两个办学指标,甚至出现了全员招生、有偿招生的现象[②],生源质量和就业质量难以得到可靠保证,特别是专业结构和课程结构动态调整这种复杂性较强的工作不能有效开展。这种职业教育办学模式尽管对社会稳定具有一定作用,但无法适应产业数字化转型的复杂要求。

从培养模式方面看,尽管许多职业院校已经基本明确了校企合作、工学结合的改革思路,也进行了必要的实践探索,但目前仍处于浅表层面,人才培养主体结构未能发生根本性转变。具体表现在:学习地点仍然以校内为主,企业岗位学习时间短,且缺少企业岗位学习标准;师资队伍仍以校内专任教师为主,企业兼职教师、产业导师参与人才培养的时间很少,且缺少兼职教师(产业导师)资格标准;实训基地仍以校内为主,企业设备、技术、工艺的教育功能未能得到充分利用,且缺少相关的法律依据。这种学校本位的职业教育尽管流程简单,但不适应企业技术和生产组织快速变化的需要。

从课程模式方面看,我国职业院校多年来一直在探索"理实一体化"课程模式,[③]试图在借鉴德国职业教育模式的基础上有所创新,构建一种比普通高等教育更为复杂的课程模式,但这一改革的理论基础和实践经验都明显不足。这种前所未有的复杂性课程模式对我国职业院校是一个巨大挑战,许多职业院校仅仅制定了符合逻辑的课程方案,也编写出了项目化教材,但在课程实施上陷入了条件不足的困境,形成了一些"半拉子工程"。由"应然性"的复杂模式开始,以"实然性"的简单操作结局,是我国职业院校存在的一种非常复杂的"简单化现象"。这种现象较为典型地反映出缺乏系统思维所带来的规划设计能力上的缺陷。

从教学模式方面看,在项目化课程改革的推动下,职业院校继承我国知行合一的教育传统,在能力本位框架下开展了行动导向教学的探索,[④]但由于自身条件的不足和办学体制上的障碍,这一探索始终未能取得突破性进展。[⑤] 可以说,正是行动导向教学的失效阻止了"理实一体化"课程改革的步伐。中高职院校在课程改革上采用了基本相同的开发模式,但

---

① 国务院关于印发国家职业教育改革实施方案的通知[EB/OL].(2019-02-13)[2021-03-30].http://www.gov.cn/zhengce/content/2019-02/13/content_5365341.htm.
② 关于印发《江西省中等职业学校有偿招生违规行为处理办法(试行)》的通知(赣教规字〔2020〕8号)[EB/OL].(2021-01-08)[2021-03-30].http://jyt.jiangxi.gov.cn/art/2021/1/8/art_30378_3052663.html.
③ 张建国.论职业教育"理实一体化"教学的内涵及其特征[J].中国职业技术教育,2018(14):48-53.
④ 崔发周.职业教育行动导向教学基本要素与结构模型[J].工业技术与职业教育,2013(1):12-14.
⑤ 苏李果.高职行动导向教学的困境与对策[J].新课程研究(中旬刊),2013(9):163-165.

在教学模式改革上,高职院校对教师综合素质提出了更高的要求,这种理想要求远远脱离了现实所能提供的条件。这种"夹生饭"现象的出现,又一次反映出职业院校管理者对改革过程中不确定因素缺乏足够的判断能力。

从教师发展模式方面看,许多职业院校将教师视作办学的客体,而没有充分认识到教师在改革与发展中的主体作用。职业院校教师作为一种特殊的专业技术人员,来源包括企业工程技术人员、普通高校毕业生、其他学校教师等多种渠道,在个体上也具有非常复杂的素质结构,职业能力发展过程更是具有异质性、随机性、多样性、非线性和不平衡性的特征;忽视这些特征,就会造成教师职业能力发展过程与改革过程的不同步、不匹配,既影响人才培养质量提升,也影响教师个人的自我效能感。

职业院校管理简单化的"大要因"见表12-1。

表12-1 职业院校管理简单化的"大要因"

管理要素	办学模式	培养模式	课程模式	教学模式	教师发展
发展方式	追求规模	内部循环	课程数量	授课数量	内生为主
专业设置	追求全面	学校主导	基地导向	师资导向	非专业化
课程设置	简单模仿	实践偏弱	理实失调	教师主导	因人设课
培养目标	不够清晰	不够准确	基本脱节	基本脱节	缺乏刚性
教学过程	学校本位	校内为主	理论为主	教师中心	教学为主
教师发展	短期行为	结构单一	实践较弱	教育背景弱	—
质量监控	较为忽视	重在校内	重在课堂	重在讲授	忽视长远
绩效考核	注重数量	校内绩效	注重课堂	注重讲授	学生评价
职能分工	稳态平衡	校重企轻	内容专业化	内容专业化	忽视服务

2. 中要因分析

中要因是间接导致管理行为简单化的较重要的原因,是导致"大要因"的原因,其因素比大要因更为广泛。

从办学模式方面看,导致混合所有制办学举步维艰的原因主要在体制机制方面,属于系统性问题。首先,政府举办的职业院校遵循公益性原则,服务于整个社会,而企业主要以自身营利为目的,混合所有制办学目标难以统一;其次,职业院校的国有资产投向企业实训基地缺乏法律保障,在资产评估、资产使用、资产处置等方面的配套政策尚不健全;最后,部分企业和民办学校公信度较差,社会对非国办学校认可度较低,公众对政府加大职业教育投入期待高,而对企业投入职业教育办学持怀疑态度。

从培养模式方面看,校企合作构建系统化的技术技能人才培养方式,还缺少一种具有协调和约束能力的"他组织"平台(通常为行业组织),导致双方只想从对方获取资源的"共同悲剧"。① 典型的不合理表现是:职业院校为弥补校内师资和设备的不足,从企业寻求实践教学资源,在学生顶岗实习过程中仍向学生收取学费;企业看中职业院校学生的劳动能力,可以在不增加投入的条件下找到替代劳动力,而不向学生传授未来生产所需要的经验

---

① 苗东升.系统科学概览[M].北京:中国书籍出版社,2020.

知识。政府作为公共利益的代表,可以对财政投资的公益性职业院校进行必要的行政干预,但对按照市场化机制运作的企业只能采用以财政补贴为主的诱导方式,只有在造成重大危害时才对企业进行重点检查。在这种特定条件下,职业院校发起成立了一批"职业教育集团",①试图扮演类似行业组织的协调者角色,但其组织目标和组织结构较为简单,而且具有明显的路径依赖倾向。

从课程模式方面看,职业院校在"示范校""骨干校"等政府项目的推动下,开展了轰轰烈烈的课程改革运动,提出了课程"解构"与"重构"的目标,对传统的学科本位课程模式造成了较大的冲击,②但改革中对新课程模式的认识严重不足,没有充分认识到课程模式转换的复杂性。造成职业院校课程改革简单化的原因至少有三个方面:一是缺乏足够的理论支撑,尽管借鉴了德国职教课程改革的一些新思路,但缺乏中国国情下的实证研究,特别是对新课程的实施条件和运行成本估计不足;二是处于职业院校一线的创新组织者数量不足,理论研究与改革实践之间缺少过渡的"桥梁",过高地估计了职业院校的自适应能力;三是对于中德职业教育的规模差异和我国职业教育专业类型的多样性认识严重不足。

从教学模式方面看,职业院校教师教学创新能力弱、生师比过高和路径依赖是导致行动导向教学"搁浅"的重要原因。特别是在高职院校,传统高等教育研究高深学问的路径依赖性和学生中心教学模式带来的师资短缺,成为教师抵制教学改革的主要理由,教师本位和知识本位教学模式的顽固性远远超出改革组织者的预期。学生本位和工作本位的教学模式的复杂性增加是非线性的,并非传统理论教学与实践教学的简单叠加,这种教育改革探路者的客观要求与职业院校创新能力不足的反差,是导致我国职业技术教育教学改革简单化的根本原因。

从教师发展模式方面看,教学系统运行的刚性需求与人才培养模式改革的标准要求之间的矛盾、较高的改革政策目标要求与职业院校办学自主权不足的矛盾,是导致教师发展措施简单化的基本原因。相对于普通学校,职业院校教师发展具有更强的不均衡性和不一致性,以普通学校教师理论教学能力和企业工程技术人员实践能力为参照制定的"双师型教师"标准,无论对于何种来源的职业院校教师都具有很大的差距。即使制定最为合理的规划,现有教师达标都需要1~3年的培训周期,但由于改革实践中教学过程无法中断,职业技术师范大学也不可能在短期内培养出数以百万计的合格职业院校师资。因此,教师发展模式简单化是职业院校维持正常运行的基本策略。

职业院校管理简单化的"中要因"见表12-2。

表12-2 职业院校管理简单化的"中要因"

类 别	法律政策	经济环境	社会文化	职业院校
办学模式	不完备	企业投入难回报	企业公信度不高	封闭办学
培养模式	不完备、不统一	高级人员紧缺、劳动力流动性强、保守经济秘密等	行业组织缺位	路径依赖

---

① 中国职业技术教育学会.中国职业教育集团化办学发展报告(2017)[M].北京:语文出版社,2017.
② 姜大源.学科体系的解构与行动体系的重构——职业教育课程内容序化的教育学解读[J].中国职业技术教育,2006(7):14-16.

续表

类 别	法律政策	经济环境	社会文化	职业院校
课程模式	外部干预较多	校内基地建设设备投入大	企业师傅数量不足	理论研究不够系统、院校创新能力弱、专业类型多
教学模式	外部干预较多	师资投入大	师道尊严传统	教师教育学背景弱
教师发展模式	不完备	财政经费不足	教师创新意识差	短期行为

3. 小要因分析

小要因是导致职业院校管理行为简单化的最具表征作用的原因,是操作层面可以依此开展针对性改进的具体原因。由于小要因数量巨大,这里只能对一些影响较大的因素进行列举分析。

从办学模式方面看,导致职业院校管理行为简单化的因素包括:

① 《中华人民共和国职业教育法》对混合所有制办学无明确规定,且无校企两个教育主体的教育职责分工,对多元办学保障功能弱;

② 职教政策规章与经济法律不够协调,对企业指导效力低;

③ 现存行业组织规模过小,不足以协调具体的职业教育办学活动;

④ 企业人员缺乏职业教育经验,给职业院校造成决策困难;

⑤ 职业院校主导的职教集团民事行为能力较弱,对多元化办学还不具备足够的支撑作用;

⑥ 相关各方在职业教育办学行为上的路径依赖,如学费政策不适应双主体办学的要求;

⑦ 职业院校发展规划不完善等。

从培养模式方面看,导致职业院校管理行为简单化的因素包括:

① 职业院校培养机制模仿普通院校,缺乏合格的项目管理人才;

② 多数企业内部培训体系不够健全,职业院校缺少选择机会;

③ 企业导师培养体系尚未建立,影响到整个人才培养流程的正常运行;

④ 教师将自己学习的经验迁移到教学活动中,不适应双主体培养模式的需要;

⑤ 双师型教师和校内生产性实训基地建设的思路阻碍了双主体育人;

⑥ 其他阻碍"双元"育人的因素。

从课程模式方面看,导致职业院校管理行为简单化的因素包括:

① 教学管理人员缺乏教育学背景;

② 教学管理人员缺乏企业实践经验;

③ 缺乏具有课程开发能力的高水平专业带头人;

④ 生产性实训设备投入较大;

⑤ 课程开发经验不足;

⑥ 不同专业大类课程模式差异较大等。

从教学模式方面看,导致职业院校管理行为简单化的因素包括:
① 教师缺乏教育学背景;
② 教师企业实践经验不足;
③ 生师比过高;
④ 学生缺乏独立思考习惯;
⑤ 升学目标的不良影响;
⑥ 教学评价模式落后等。

从教师发展模式方面看,导致职业院校管理行为简单化的因素包括:
① 缺乏完善的教师队伍建设中长期规划;
② 职业院校缺乏人事自主权;
③ 未形成成熟的教师培训方案;
④ 企业社会责任范围不明确;
⑤ 教师资格认证程序不规范等。

由于职业教育发展涉及因素极为复杂,导致职业院校行为简单化的因素也多种多样。解决职业院校行为简单化的问题,不仅需要深入分析其成因,还需要找出关键因素,分清轻重缓急,有步骤地实现内部治理优化。从整体来看,职业院校教师和管理人员知识结构不够完整、创新能力较为薄弱,是导致行为简单化的最重要的内部因素;相关法律法规不够健全、政府投入不足、生师比过高,是造成职业院校行为简单化的最重要的外部因素。内外两种因素交互作用,不仅加剧了职业院校行为失范,也加大了责任划分的难度。

第三节 职业院校管理行为简单化的治理方略

问题诊断的目的在于制定有效的改革方案,实现理论成果向实践成果的转化。消除职业院校管理行为简单化现象需要从理论和实践两个维度上协同努力,既要认清原因,又要付诸行动。从根本上说,要从职业院校治理现代化的目标出发,树立科学化的系统思维,形成对组织行为的正确认知,以思维模式引导行为模式的转变。

1. 建设学习型职业院校

学习型组织是一种具有自适应能力的组织,组织成员可以通过共同学习,以系统思维方式不断超越自我,实现共同愿景①。学习型组织注重全员学习、全程学习和团队学习,不断地对组织的价值观进行评价,保持与外部环境的最佳适应状态,强调干中学、学中干。职业院校要快速适应经济技术发展,就要加快建设具有高度环境适应性的学习型组织,这也是高水平职业院校的重要标志。

建设学习型职业院校需要彻底改变"头疼医头,脚疼医脚"的简单化思维模式,厘清组

---

① 史蒂文 L.麦克沙恩,玛丽·安·冯·格里诺.组织行为学(原书第7版)[M].吴培冠,等译注.北京:机械工业出版社,2018.

织行为与组织目标之间的逻辑联系,减少无效的资源消耗,形成创新组织文化。学习型学校以新一代信息技术为支撑,及时收集、传输和利用各种过程数据,动态调整人才培养目标、专业结构、课程结构和教学组织结构,以应对外部环境的不确定性和不稳定性。

建设学习型职业院校需要加强职业教育科研机构建设,密切研究机构与教学机构之间的联系,引领各个教学机构的知识创新和方法创新,转变教学系统驱动模式。各个教学组织应该以提高环境适应能力为目标,树立"工作就是学习"的理念,主动开展问题诊断和工作改进活动,不断优化人才培养方案,将教学研究成果作为教学成果的源头,减少教学与管理工作的盲目性。职教科研人员与教学人员的角色需要不断地转换,实践者可以成为研究者,研究者也可以成为实践者,并保持研究人员与教学人员之间的合理比例,形成一种特定的互补结构。

2. 制定科学的发展规划

规划是职业院校首要的管理职能,也是确定职业院校长远目标和整体目标的工作过程,是学校与环境之间、学校内部各个子系统之间物质、信息、能量交换过程的科学设计。制定规划需要综合分析各种内外因素,是一种长期的、连续的工作过程,既可以消除目标确定的简单化倾向,又可以为校内各个教学组织、各个职能部门、各位教师制订工作计划提供科学依据。规划是一个完整体系,每一个人的工作都需要制定面向未来的规划,甚至可以说"工作就是规划"。

为了全面推行现代学徒制,应该重点做好以下中长期规划的制定工作:一是专业发展规划。为适应产业数字化转型需要,不仅需要开发一批适应区域新技术、新工艺、新职业发展的新专业,还需要对传统专业进行数字化改造,及时补充新的课程和教学内容。制定专业发展规划的任务就是合理调整专业结构、课程结构和教学内容结构,确定合理的专业发展目标。

二是教学团队发展规划。教师发展是职业院校发展的基本力量,也是职业院校发展的重要目的之一。消除职业院校简单化行为方式,最根本的措施就是提高教师和管理人员的思想、道德和业务水平。可以说,教师发展水平代表了一所职业院校的发展水平。教学团队发展规划所解决的主要问题包括整体发展目标、专业组织发展目标、个性化培训方式、层次化培训内容以及有效化考核措施等方面。培养职业院校人员的系统思维能力,是实现内部治理现代化的治本之策。

三是教材建设规划。教材是学习型职业院校建设成果的沉淀,也是专业和课程发展的可视化成果。制定教材发展规划的目的在于明确职业院校课程建设的优势和劣势,促进专业和课程动态调整,推进教学信息化和管理信息化,编写和选用高水平教材,为学生提供优质学习资源。将教材与在线精品课程同步规划、同步开发,可以保证职业院校教学活动的基本方向。

3. 构建校企合作协调机构

为了防止职业院校将校企合作行为简化为学校的单方行为,需要构建起合理的合作机制,形成相对稳定的协调机构和工作流程。由于现代学徒制等校企合作模式涉及招生、教学、技术服务、就业创业、专业建设、师资队伍建设、教材建设以及实训基地建设的全过程，职业院校需要设置一个统筹规划各种校企合作活动的综合管理职能部门，指导各个职能部门和所有专业的校企合作活动，打通校企合作的"最后一公里"。职业院校校企合作管理部门的主要职能是规划校企合作发展目标，与合作企业对接谈判，解决合作过程中出现的各类问题，其管理人员应该熟悉学校教育教学过程和企业生产经营过程，能够从校企双方共同目标研判合作问题。

为了实现现代学徒制活动的协调，还应建立一种处于第三方地位的职业教育集团。这种组织以规划、协调、评估校企合作活动为基本职能，是现有行业组织的重要补充。职教集团的具体职能应该包括：授权审议人才培养方案，指导职业院校和企业合理设置课程；发布人才需求报告，指导职业院校和企业合理设置专业和制订招生计划；帮助企业建立内部培训体系，指导产教融合型企业建设；注册、变更、撤销校企合作协议，调处校企合作纠纷；监督技能等级鉴定过程，组织发放技能等级证书；组织职业技能大赛；等等。我国目前的大多数"职业教育集团"实质上是一种职业院校内部机构，类似于校企合作办公室的职能，为了处理校企双方的复杂合作关系，还需进行实体化改造[①]。

4. 构建有效的质量监控体系

第四代评估理论认为，基于建构主义的评价是一种"授权评价"，通过系统化的思维方式，改变被评价者依赖和受他人控制的角色地位，帮助参与者提高自我决策的能力。[②] 职业院校构建内部质量监控体系，坚持全员参与、全程监控、全面管理，是适应经济社会发展需要，实现高质量发展的根本措施。通过内部质量监控，主动比对现实结果与计划标准之间的差距，提出改进措施，可以有效预防被动应付的简单化做法，形成管理的良性循环。有效的质量监控基于每个组织节点、每个过程时点，可以沟通不同职能管理部门、不同工作阶段的联系，每个人的工作过程同时又是质量改进过程，这种全面改进和持续改进机制可以确保系统功能的实现。现代质量控制是一种"软控制""观念控制"，让每一名教师和管理人员都秉持"工作就是改进"的理念，成为教学创新和管理创新的积极推动者。外部评估的作用就是促使职业院校建立内部评估机制，引领教师和管理人员的观念转变。

5. 加强职业院校教育科研机构建设

实现职业院校内部治理现代化，需要在职业教育领域构建起国家层面基础研究、省级层面应用研究、院校层面开发研究的完整教科研体系，解决社会性职教研究机构理论研究与职业院校办学实践之间的断层问题，使得职业教育研究成果能够最终在学校管理和教学过程中得到转化。职业院校教科研机构应该在国家和省级职业教育科研机构人员的指导下开展工作，成为国家和省市职教科研人员与职业院校联系的纽带。落实职业院校办学自主权，减少政府行政部门对职业院校的直接干预，也需要职业院校内部加强职业教育研究。

职业院校内部教科研机构的主要职能是转化专门教育研究机构的研究成果，提出创造

---

① 刘殿红,徐龙海,徐洪祥.院校主导型职教集团内涵、特质与实体化运作路径研究[J].中国职业技术教育,2021(4):86-89.
② 古贝,林肯.第四代评估[M].秦霖,蒋燕玲,译.北京:中国人民大学出版社,2008.

性地落实国家和区域职业教育政策的可行办法,促进院校发展决策科学化、教学管理高效化、教师发展个性化,为院校高质量发展提供智力支撑。国家在进行职业教育教学创新团队建设的同时,应该伴随建设职业院校教科研团队,并实现两支团队的紧密耦合,以教科研团队建设促进教学创新团队建设方案的科学化,以教学创新团队建设效果检验教科研团队建设效果,从而实现建设资源效益的最大化。职业院校教科研团队既要独立地研究院校发展的个性化问题,又要联合研究重大发展改革项目的共性问题,并为国家和省级职业教育研究机构提供一线资料。

第十三章 我国职业技术教育系统边界及变化趋势

产教融合、校企合作是全球职业技术教育（可简称为职业教育）的普遍特征[①]，这也决定了职业技术教育系统边界的模糊性和复杂性。对职业技术教育系统边界的不同认识，导致了现代学徒制改革中的严重分歧，成为阻碍我国现代职教体系构建的一个关键因素。职业技术教育系统边界问题的实质是产教融合型企业在职业技术教育中的功能和作用问题，这不仅关系到相关经济法律和教育法律的修订，而且涉及教育经费投入、职业技术教育管理体制、企业人才培养、教育质量监控等一系列现实问题[②]。

第一节 确定职业技术教育系统边界的意义

以系统观念分析和解决职业技术教育发展中的各种问题，可以有效化解现实矛盾，解决企业对职业技术教育参与度不高的问题，促进中国特色现代化经济体系和现代职教体系的构建。而只有划定系统的边界，才能分清系统的内部要素和外部环境，明确系统目标。

1. 明确企业在职业技术教育系统中的功能

在职业技术教育系统边界不确定的条件下，企业在职业技术教育系统中的功能也是十分模糊的。在学徒制试点中出现的各种认识分歧，其实质都是企业功能定位上的区别。仅靠粗浅的"跨界说"[③]不仅不能准确地解释所面临的各种复杂现象，进而找到解决问题的具体有效途径，而且极易陷入形而上学的诡辩。如果将职业技术教育系统仅仅视作传统的学校教育，学校场所的学习与企业场所的学习就是跨界的；而将学校和企业看作职业技术教育的两个子系统，所有职业学习活动就处于系统内部。我国职业技术教育发展的主要症结，正是缺乏基于系统科学思想的整体设计与要素整合，混淆了"外部环境"与"内部要素"的功能，使得企业游离于职业技术教育系统之外，或是不能发挥企业的全部应有职业技术教育功能，出现了系统整体功能与系统结构之间的矛盾。在过去一个时期的改革实践中，职业技术院校曾试图利用市场机制整合企业的场地、人员、设备等要素，但由于学校目标与企业目标不同，实际效果并不理想。通过划定职业技术教育系统的边界，可以更为准确地

[①] 张志军,范豫鲁,张琳琳.国家产教融合的历史演进、现代意蕴及建设策略[J].职业技术教育,2021(1):38-44.
[②] 吴红翠,马莹.我国产教融合型企业建设的意蕴、价值与应然[J].职教论坛,2021(5):151-157.
[③] 姜大源.跨界、整合和重构：职业教育作为类型教育的三大特征——学习《国家职业教育改革实施方案》的体会[J].中国职业技术教育,2019(7):9-10.

认识企业的应有功能。

2. 探索中国特色职业技术教育办学模式

所谓办学模式,是指学校对办学行为的规范,或者是学校的管理制度、经费制度和管理运行机制等的有机结合①。在普通高等教育中,人才培养模式、课程模式和教学模式都是办学模式的下位概念。但在职业技术教育中,校企合作的双元育人模式需要学校和企业两个育人主体,职业院校只是育人主体之一,显而易见,这种办学模式成为人才培养模式的一个组成部分。也就是说,职业技术教育的人才培养模式主要是由办学模式和企业运营模式构成的,仅有完善的办学模式,不足以保证职业技术教育人才培养过程的完整性。2021年4月,习近平总书记对职业教育工作的重要指示强调,"优化职业教育类型定位,深化产教融合、校企合作,深入推进育人方式、办学模式、管理体制、保障机制改革"。② 可以看出,"育人方式"放在了比"办学模式"更高的位置上,这是职业教育重要的类型特征。我国在职业技术教育改革中遇到的种种困难,集中表现在产教融合、校企合作不能深化,根本原因就在于仅仅致力于职业院校办学模式改革,而忽视了企业改革和系统性的校企一体化改革。厘清职业技术教育系统的边界,一个重要作用就是明确职业院校在职业技术教育系统中的功能,发现职业院校与普通学校的区别,探索职业院校办学模式的类型特征。在我国社会主义市场经济制度下,充分发挥政府和市场两个方面的作用,在政府指导和市场引导双重作用下办学,是我国职业技术教育发展的最大优势。

3. 重新认识产教融合、校企合作的作用

产教融合、校企合作是办学模式还是育人方式,这是职业技术教育发展中需要首先厘清的问题。毋庸置疑,企业可以参与职业院校办学并以资产为纽带形成紧密的利益关系,或直接投资独立举办职业院校,但这只是办学模式的一种特例,仅此并不足以保证完全满足技术技能人才培养过程的需要。一些由民营企业举办的职业院校,在办学质量上并无明显优势,而且发现了较多的办学问题,也足以说明企业参与办学不是职业技术教育发展最重要的因素。由于职业技术教育培养生产、服务和管理一线所需要的技术技能人才,课程内容具有高度的不稳定性,且学习场所分为职业院校和企业两部分,具有学校和企业两个教育主体、学校教师和企业导师两种教学主体,具有与普通教育完全不同的育人方式。其实,"跨界"和协同并不是职业技术教育的特有现象和本质特征,任何一个开放系统都存在"跨界"和协同特征;如果说职业教育和职业院校是跨界的,那么经济系统和企业同样也是跨界的。在百年未有之大变局影响下,校企分工将会发生很大变化,但产教融合、校企合作仍将是职业技术教育的育人方式③。

---

① 赵庆典.论高等学校办学模式的发展与创新[J].教育研究,2002(3):28.
② 习近平对职业教育工作做出重要指示[EB/OL].(2021-05-09)[2021-04-13]. http://www.gov.cn/xinwen/2021-04/13/content_5599267.htm.
③ 叶鉴铭.校企共同体:企业主体学校主导——兼评高等职业教育校企合作"双主体"[J].中国高教研究,2011(3):70-72.

第二节 职业技术教育系统内部要素

系统内部要素与系统功能具有匹配性，不同的功能定位，决定着系统所需要的不同要素及其内部结构。系统要素既不能残缺不全，也不能无限制地扩张，这就是确定系统边界的意义所在。我国传统的职业学校割断了与产业的联系，形成了封闭办学模式，导致了职业技术教育系统结构和功能的残缺；针对这一弊端，一些学者提出"政、行、科、企、校"一体化的系统整合思路，又走向了一个相反的"扩大化"方向。划定我国职业技术教育系统的边界，需要首先依据系统功能确定系统内部要素。

1. 系统功能确定

职业技术教育系统的功能是由经济社会发展所决定的。系统内部要素是为系统功能实现服务的，随着功能的改变而改变，而决不能由系统当前的组成要素来固化系统的功能。由于我国实行社会主义制度，现存职业技术教育系统又脱胎于计划经济体制，系统功能主要由国家发展战略、基本经济制度和社会发展阶段所决定。提高职业技术教育系统的适应性，就是指其功能和结构需要与社会发展环境相协调。笼统地认为"职业教育应该为企业发展服务""人才培养目标应该由企业决定"，或是"促进职业院校发展"，都不利于职业技术教育改革进一步深化。我国职业技术教育校企合作不够深入，与认识上的缺陷不无关系。

职业技术教育系统的基本功能和目标，就是为构建现代化经济体系培养具有坚定职业理想和责任意识、适应工业化与信息化融合发展的新型技术技能人才。具体而言，职业技术教育系统的功能和目标应具有以下三个方面的内涵：①服务产业的整体转型，适应产业结构调整的需要；②服务企业数字化转型，适应企业技术结构、工艺结构和产品结构调整需要；③服务技术、技能人才转型，适应新兴产业人才知识数字化、能力综合化、技能绿色化的需要。为了满足社会发展的需要，职业技术教育系统不仅不能促进所有企业的发展，而且客观上还能够加速一些落后企业的消亡。

2. 内部要素组成

职业技术教育系统是社会大系统中的一个子系统，内部元素和结构必然要接受国家发展战略的"他组织"。由职业院校主导开展的"自组织"活动，在很大程度上具有自发、盲目、无序的特征，难以在整体上取得良好效果。比如，由职业院校主导建立的一些"教学指导委员会""教学创新团队""公共实训基地"等，由于不能充分发挥政府和行业组织的协调和监控作用，基本上成为职业院校的内部机构；再如，正在建设中的产教融合型企业，如果没有明确的目标和标准，也很难培育出其应有的职业技术教育功能。

判断职业技术教育系统内部组成要素是否合理，根本标准是能否适应现代化技术技能人才培养的需要。由于职业技术教育培养的应用技术型人才和技能型人才工作在生产和管理一线，既需要获得间接的生产技术经验，又需要获得直接的生产技术经验，因而需要理论教学和实践教学两种资源。这种教育类型的最根本特征是理论教学与实践教学之间具有相互促进、相互融合、相互映射的强大作用，一旦这种作用减弱，就会趋向普通教育。职业技术院校可以具备一定的实践教学功能,但无法实现现代职业技术教育所要求的全部实践教学功能;企业可以具备一定的理论教学功能,但无法实现现代职业技术教育所要求的全部理论教学功能。因此,现代职业技术教育系统是一种"校企合作系统",职业技术院校和企业是系统的两个最基本元素。

这里有三个容易混淆的具体问题。其一,为了实现校企两种要素的紧密联系,需要有相应政策作为系统环境要素,但不能将所有政府部门都作为系统内部要素;其二,职业院校需要具备与企业合作的能力、职业院校教师需要具备与企业技术人员合作的能力,但不能将职业院校办成生产企业、将职业院校教师培训成工程技术人员;其三,系统需要企业的实践教学功能,而不是需要企业的生产功能。学生进入企业生产岗位工作,未必就能促进实践教学目标和人才培养目标实现;类似地,毕业生在企业就业,也未必能够说明系统功能已经完善。因此,只有兼具生产和教育双重功能的产教学融合企业才是组成职业技术教育系统的企业元素;职业院校可以兼具生产功能(即产教融合型职业院校),但不是职业院校的典型形式。职业技术教育系统的"跨界性",主要体现在产教融合型企业,而不是职业院校。

3. 系统的内部结构

处理好职业院校与企业之间的合作关系,是构建系统内部结构的关键。为了实现系统的总目标,作为职业技术教育系统基本主体的职业院校应该与企业合作,而不是将校企合作当作系统目标;企业作为另一基本主体,承担育人责任是必要的组织功能,不能将降低劳动力成本作为校企合作的首要目标。[①] 根据职业院校与企业的分工,校企合作有三种可能的具体形式:一是企业主导的校企协作,职业院校处于辅助地位(德国传统的双元制模式);二是职业院校主导的校企协作,企业处于辅助地位(我国当前的职教模式);三是在政府或行业主导的校企合作,校企双方按照法律和标准框架履行各自的职能。第一种形式的校企关系是一种偏正结构,较适合于对技能人才知识水平要求不高的工业化阶段;第二种形式的校企关系是另一种不同偏正结构,仅适合于对一线人才技能要求不高的工业化初期阶段,如苏联和我国的改革开放初期就采用了这种形式[②];第三种形式是数字化经济时代需要深入探索的一种理想形式,具有良好的资源利用效率和校企合作效率。

由于各国经济发展阶段和发展过程的不同,产生了校企合作的多样化生态环境,职业院校与企业之间的分工合作方式存在较大差异,从而形成了不同的职教特色。校企关系的建立需要围绕职业技术教育系统人才培养的核心任务和主要目标,而不是企业的生产经营目标。无效合作的情形包括:①企业不具备人才培养功能,此时校企之间只能建立起一种社会性交往系统,而无法建立起职业教育系统;②企业不具备真实职业情境,常见情况是一些教育设备生产企业有偿提供校内实训设备,此时校企之间只是建立了一种市场供应链,不属于本质意义的人才培养系统;③职业院校与非雇主企业建立合作关系,尽管企业可能会实质性参与人才培养,但缺乏内生动力(有时仅仅是为了获得政府财政补贴),系统处于极不稳定状态;④表面上看企业录用了大量毕业生,也投入了人力物力,但毕业生工作岗位与专业人才培养目标不符,校企关系仍然是无效的;⑤职业技术院校人才培养能力

---

① 马廷奇.命运共同体:职业教育校企合作模式的新视界[J].清华大学教育研究,2020(5):120-122.
② 黄亚妮.高职教育校企合作模式的国际比较[J].高教探索,2004(4):70-72.

差,尽管企业主动寻求建立人才培养合作关系,但职业院校无法提供高质量的相关课程。因此,合理的校企关系只能建立在合作培养企业转型发展所需高素质合格人才基础上,而忽略其他一切与人才培养无关的复杂社会关系。从本质上看,职业技术教育系统内部的"校企合作",是职业院校理论教学元素与企业实践教学元素的紧密结合,而不是学校所有元素与企业所有元素的结合。

通常所说的"跨界性"具有两种不同的含义:一是站在教育系统内部来看,职业技术教育子系统与经济系统联系最为紧密,是教育系统中的"外联部";二是站在职业技术教育子系统内部来看,它既属于经济系统的组成元素,也属于教育系统的组成元素。两种认识上的细微差别,决定着职业技术教育两种基本主体之间的关系,事实上已经成为我国职业技术教育改革中的一个根本性问题。

第三节 职业技术教育系统外部环境

职业技术教育系统是一种开放系统,与外部环境有着千丝万缕的联系。这种特殊系统处于纵横交织的、复杂的社会环境之中,包括教育环境、经济环境、技术环境、文化环境、社会环境等(图 13-1)。认清系统内部元素与外部环境元素,是合理确定职业技术教育系统边界的前提,也是实现系统功能目标的基本要求。实现职业技术教育的健康运行,既需要"立足职教看职教",也需要"跳出职教看职教"。我国提出增强职业技术教育适应性,推动我国职业技术教育更好地"长入"经济、"汇入"生活、"融入"文化、"渗入"人心、"进入"议程,稳步扩大技术技能人才培养规模①,实质上就是适应这种特殊系统的外部环境。

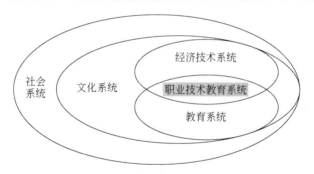

图 13-1 职业技术教育系统外部环境

1. 经济环境

职业技术教育系统是教育系统的一个子系统,也是经济系统的一个子系统。职业技术教育子系统在经济系统中的功能是提供与之相适应的人力资源,直接为产业近期发展服务。作为经济系统的一个组成部分,职业技术教育子系统的目标与结构取决于经济系统的

---

① 陈子季:增强职业技术教育适应性,开拓高质量发展新格局[EB/OL].(2021-05-01)[2021-02-15]. http://www.chinazy.org/info/1006/6381.htm.

就业结构、产业结构、企业产品和技术结构等因素,但职业技术教育本身不是产业、不生产物质产品,不能失去自身目标和功能。

首先,职业技术教育需要促进就业。截至2019年年底,我国总人口为14亿左右,劳动年龄人口约为9亿左右;在2.9亿农民工中,初中以下文化程度的占到了大约70%[①]。促进"人职匹配"(使得每个岗位找到合适的人,每个人找到合适的岗位),是经济系统对职业技术教育的基本要求。

其次,职业技术教育需要促进企业转型。企业既是职业技术教育子系统的组成元素,又是经济系统的组成元素;既是育人主体,又是用人主体。在第四次工业革命推动下,企业正在经历一场数字化转型运动,其基本特征是一线生产者不再直接加工产品,而是通过智能设备自动地实现加工过程。这种转型改变了劳动组织分工,一线职业人员由简单劳动转变为复杂劳动,对技术知识和问题解决能力的要求显著提升[②],对职业技术教育提出了新的要求。

最后,职业技术教育需要在经济系统中形成闭环。一方面,职业技术教育子系统需要向经济系统输出适应发展需要的高素质技术技能人才;另一方面,职业技术教育子系统功能实现需要从环境界面输入准确的需求信息(如分阶段的人才总量和专业结构、不同职业人才的知识能力结构等)和必要的人力、物质资源(产业导师、实训设备等)。任何一个环节中断,都会导致职业技术教育子系统运行受阻。当前,职业技术教育面临的最大问题,就是缺乏清晰的需求信息和足够的实践教学资源输入,向经济系统输出的技术技能人才专业结构和能力结构失调。

2. 教育环境

职业技术教育系统作为教育系统的子系统,具有育人的根本属性。教育系统是职业技术教育系统最重要的环境要素之一,其功能目标决定着职业技术教育子系统的功能目标,职业技术教育子系统需要执行教育系统确定的战略方针和基本政策,并处理好与基础教育、普通高等教育、成人教育之间的关系。与普通教育不同,职业技术教育重点培养学习者的职业道德和专门职业能力,而不是重点培养其通用性的一般能力和传授基础性知识。从职业教育改革的实际来看,当前应重点处理好以下几个方面的关系。

一是与基础教育的融合关系。一方面,中小学毕业生是职业技术教育的重要对象,职业技术教育子系统依赖基础教育子系统提供具有一定职业理想、职业知识和基础能力基础的生源,生源质量直接影响着职业技术教育质量;另一方面,基础教育是职业技术教育的起点,需要实施劳动技术教育,也属于广义职业技术教育的范围。在基础教育的高中教育阶段和职业技术教育的中等职业教育层次,两种不同的教育类型还可以在同一学校实施。

二是与普通高等教育的融合关系。普通高等教育作为职业技术教育的环境因素,既要培养职业院校和企业所需要的高水平师资,又要接受部分职教系统的毕业生深造。事实上,随着企业对员工科学知识水平要求的普遍提高,工程设计人员的设计手段越来越工具化,而一线员工面临的技术问题更加复杂,普通高等工程教育与职业技术教育很难有一条

---

① 李双星.提升劳动者素质,打造2.9亿农民工的未来[J].中国工人,2021(3):25.
② 韩青江,韩民春.机器人技术进步对劳动力市场与社会福利的影响研究[J].技术经济,2020(1):41-47.

清晰的界限。职业技术教育和普通工程教育如何共同与企业联合建设实习基地,更是当前亟待解决的现实问题。

三是与终身教育的融合关系。一方面,职业技术教育与终身教育处于不同的子系统,具有不同的教育目标;另一方面,职业技术教育不是一个阶段性的教育过程,职业人员需要参加终身学习才能适应技术不断发展的要求。终身教育为职业教育提供一种系统化的教育理念,职业技术教育则为终身教育提供相应的教育手段。职业技术教育与培训相结合(TVET)是一种国际趋势,只有通过这种结合,才能最终实现为企业提供一线合格人才的目标。这主要是因为,企业转型升级导致原有员工与工作岗位不再匹配,要求职业技术教育系统成为劳动力的"再生产"过程。

职业技术教育系统与教育系统处于一种既相互分离、又相互融合的矛盾运动之中。一方面,职业技术教育系统有着相对独立的功能目标,表现出与教育系统不同的独特行为特征;另一方面,随着经济社会发展,职业技术教育系统的边界不断扩展,从狭义的职业教育到职业技术教育,再到科技教育(个别发达国家已见端倪),具有与教育系统完全融合的发展趋势。

3. 文化环境

文化是一种具有相对稳定性的社会化思维模式,受到社会经济制度、科学技术水平、历史发展过程等多种因素的影响。职业技术教育系统的设计既要考虑文化环境促进和干扰作用,又要主动地对文化环境施加积极影响。比如,当前许多职教界人士呼吁提高技术技能人才的经济待遇和社会地位,实行"1+X"证书制度,都是为了改变本系统的外部环境。但是,由于文化环境演化的延时性和渐进性,注重职教系统对文化系统的适应性是十分重要的。

从我国职业技术教育改革的实践来看,当前应重点关注外部文化环境的以下三个方面的特征。

一是文化民族性和区域性影响。不同的国家和民族都有着自身的历史文化,而且会在较长的时间内不断传承,这种历史文化对职业技术教育发展有着巨大的制约作用。比如,日本的年功工资(即工龄工资)和终身雇佣制度[①],降低了劳动力的流动性,从而加大了新增劳动力的搜寻成本,这就使得内部培训对企业发展更加有利;而由于我国劳动力流动性过强,培训成本难以得到有效补偿,从而抑制了企业参与职业教育人才培养的积极性。

二是文化演化性影响。文化环境是随着经济社会的发展而动态变化的,这就要求在制定职业技术教育制度时,需要准确分析研判当时的文化环境和发展趋势,保持职教系统与文化系统的协调性。例如,改革开放初期,温州地区的许多青少年辍学经商,从事生活用品修理行业,形成了一种自发性的创业文化;但随着经济实力的壮大和科学技术的发展,越来越多的温州人意识到现代科学知识和技术技能的重要性,对职业技术教育的需求变得非常强烈。

三是文化复杂性影响。文化影响与个体有着密切关系,不同个体、不同群体、不同组织

---

① 余祖光.发达国家技能形成制度的理论与案例分析——基于政治经济学的视角[J].教育与职业,2020(20):20-21.

都会体现出不同的文化特征,相互之间还存在着一定的冲突性。文化环境因素的这种多元性、差异性、冲突性,要求在确立职业教育制度时把握主流文化特征,而不要被一些偶然的、局部的、落后的文化因素所干扰。比如,一些技术工艺落后的劳动密集型企业为了维持生存,主动与职业院校签署合作协议,大量接受学生顶岗实习,并给予一定的实习补贴,但由于无法实现专业教学标准所规定的培养目标和培养规格,对于职业技术教育发展具有很大破坏作用。

4. 政策环境

观察系统边界是否发生了变化,发生了什么样的变化,一个有效的视角就是看相关制度有何重大改变。根本性、战略性、政策性制度的改变可以导致系统边界的剧烈变动,而一般性、策略性、内部性制度的改变可以导致系统边界的一般性、经常性变化。

政府是职业技术教育政策的提供者,职业院校和企业则是政策执行者、落实者。分清政策环境与人才培养主体内部制度,有利于明确政府、职业院校、企业的责任与权利,改善系统运行效率。良好的发展政策,可以降低职业技术教育活动的成本,提高工作效率;不良的政策或是政策的缺失,则会导致活动成本大幅提高,阻碍培养质量提升。从国际职业技术教育发展的经验来看,政策环境包括相关法律、人才培养职能分工、经费投入政策、培养质量监控制度等方面。

第一,职业技术教育法是总体制度、总体规则。具有强制性的国家法律可以明确职业技术教育的总体功能,划清系统边界,为各项具体政策和运行制度的制定奠定基础。我国目前《职业教育法》存在的最大问题就是与现行政策有不符之处,不利于职业技术教育系统健康运行。如《职业教育法》第十三条、第十四条分别规定:"初等、中等职业学校教育分别由初等、中等职业学校实施;高等职业学校教育根据需要和条件由高等职业学校实施,或者由普通高等学校实施。""职业培训分别由相应的职业培训机构、职业学校实施。"①而《国务院办公厅关于深化产教融合的若干意见》中则提出"发挥企业重要主体作用,促进人才培养供给侧和产业需求侧结构要素全方位融合"②,对于职业技术教育主体的规定存在明显差异。

第二,经费投入政策。经费投入是职业技术教育系统界面重要的输入要素,是系统与外部交互的重要通道。各个国家职业技术教育经费投入机制有着很大的不同,德国主要由企业承担,政府给予一定补贴;英国向企业收取学徒税,然后返还到承担学徒培养任务的企业③;我国目前主要由政府承担,学生个人承担了一定的教育费用,少数企业举办的职业院校由企业承担部分教育成本。加大企业分担力度,减轻学习者个人负担,是改善经费政策环境的重要方向。

第三,质量监控机制。质量监控是保证系统功能实现的基本措施,也是形成闭环系统的关键环节。世界各国无一例外地都高度重视职业技术教育质量,建立了相应的监控机

---

① 中华人民共和国职业教育法[EB/OL].(2005-05-25)[2021-01-02]. http://www.gov.cn/banshi/2005/05/25/content_928.htm.
② 国务院办公厅关于深化产教融合的若干意见[EB/OL].(2017-12-19)[2021-01-15]. http://www.gov.cn/zhengce/content/2017-12/19/content_5248564.htm.
③ 刘育锋.英国学徒制改革政策分析[J].中国职业技术教育,2017(18):17-18.

制,如德国由行业协会组织学徒考试,英国则由学徒制研究所进行质量监控。我国目前的职教质量监控是一个非常薄弱的环节,这也是导致社会认可度不高的重要原因。合理的质量监控机制应该将系统外部监控与系统内部监控相结合,以外部监控促进内部监控;在系统外部监控缺失的条件下,系统内部监控机制很难发挥作用。试图以职业院校内部诊断改进制度保证教学质量,是系统边界不清晰的一种重要表现。

第四节 职业技术教育系统边界的变动

职业技术教育系统边界是内部组成要素与外部环境的分界线。由于职业技术教育系统是一个动态变化的开放性复杂系统,厘清系统边界既很重要,又很困难。系统划界的目的是确定系统功能目标,实现内部各组成要素之间的协同和本系统与外部环境的协同,减少运行中的"间隙",提高社会大系统的效率。但是,由于系统自身的复杂性和人类认识的局限性,系统边界的确定只能是模糊的、定性的、暂时的。职业技术教育研究的一个重要职能,就是实时观察系统内部要素和系统边界的变化,维护系统的动态健康运行。

1. 系统边界变动的原因

系统边界变动是一个经由观念变化、制度变化、行为变化而逐渐演化的过程,是内部要素与外部环境相互作用的结果,其中制度变化是根本性原因。从我国职业技术教育系统的历史运行轨迹来看,边界变动的具体原因主要有以下几个方面。

一是外部环境的改变。职业技术教育系统的外部因素包括社会、经济、文化、技术等多个方面,任何一种要素的变化都可能引起系统边界变化。比如,青年一代职业观念改变,不愿意从事较为艰苦的体力劳动,宁愿从事美发行业而不愿意从事焊接、铸造、钳工等艰苦性工作,这种观念变化推动人才培养向工业机器人系统集成、大数据应用技术等方向转移;再如,计划生育政策和医疗条件改善所导致的老龄化快速发展,催生了老年服务与管理专业,使得系统边界向这一领域扩张。

二是外部系统的重组。职业技术教育系统是社会大系统的一个组成部分。经济系统、教育系统或者社会系统结构的调整,对于职业技术教育子系统来说都是一种战略性调整,会引起边界的较大变化。比如,建设创新型国家和现代化强国,必将导致产业结构调整和企业生产组织扁平化、网络化,对一线职业人员的手工操作技能要求大大降低,而对新技术、新知识、新工艺的要求显著提高,加速了职业技术教育与普通教育的融合。所谓"把职业教育摆在教育改革创新和经济社会发展中更加突出的位置"[1],实质上就是进行系统结构优化调整。

三是内部要素的增减。无论内部要素的增加或者减少,都会改变系统边界。我国20世纪50—80年代许多企业都举办中等技术学校,但从90年代中期开始企业剥离教育职能,企业由职业教育的内部要素事实上变为外部环境要素,育人主体与用人主体出现了

---

[1] 国务院关于印发国家职业教育改革实施方案的通知[EB/OL].(2019-02-13)[2021-02-22]. http://www.gov.cn/zhengce/content/2019-02/13/content_5365341.htm.

分离,职业院校的边界成为职业技术教育的边界;当前,我国正在推进产教融合型企业建设,目的就是实现职业技术教育主体的多元性,扩大边界范围。具有普通教育和职业教育双重功能的综合高中,也是导致职业技术教育边界移动的重要因素,所不同的是这种特定机构的双重功能都在教育系统,而不是像产教融合型企业那样横跨经济和教育两个系统。

四是内部要素的重组。在系统内部要素不增减的条件下,要素之间的合理组合也会改变系统边界。比如,在实行"五年一贯制"接续培养制度和"职教高考"制度后,职业技术教育子系统来自于普通高中的生源无疑将会减少,向经济系统输送的高层次技术技能人才将会增多;再如,职业教育集团组建以后,职业院校与企业之间就可以直接建立订单培养制度或现代学徒培养制度,与就业市场机构的联系就会减少。

五是系统接口的变化。接口变化是边界的内涵变化,改变的是本系统与外部环境的联系方式。比如,传统的计划经济体制下,我国政府机构中具有行业管理部门,职业技术教育属于行业管理职能,职业院校和生产企业之间基本是协调的;但在政府行业管理部门撤销以后,学校主管部门与企业主管部门分属于不同部门,又缺乏能够发挥中介作用的社会性行业组织,校企之间就失去了应有的联系。再如,我国中专学校、职业高中、综合高中、技工学校分属于政府教育部门和人社部门管理,实行不同的招生就业政策,就使得职业技术教育的边界变得更加复杂,如果归属到同一部门,系统与外部的联系将会简化许多。

六是系统目标和结构的合理矫正。由于认识的不断深化,职业技术教育系统的目标越来越精准化,结构也不断完善,也会主动收缩或扩张系统边界。如,我国近年来"百万扩招"政策使得系统功能丰富和边界扩张,"第二次世界大战"结束后大批军人转业使得美国的社区教育得到了快速发展,等等。

2. 系统边界变动的趋势

判断预测职业教育系统边界的变化趋势,是职业教育研究的一项重要任务,也是制定和调整专业教学标准的基础。在职业教育政策上出现不同认识,一个重要原因就是对系统边界认识出现差异。综合来看,我国职业技术教育当前正表现出以下变化趋势。

一是职业技术教育与普通教育相互渗透。职业技术教育与普通教育的区别在于教育目标和培养主体结构不同,但都具有培养人才的本质属性。我国一直强调"教育与生产劳动相结合",这就使得各种教育类型都具有职业技术教育的特征,但只有二者充分结合时,这种教育才称为职业技术教育;职业技术教育与普通教育一样强调知识学习,但只有教育目标以知识学习为主时,这种教育才能称为普通教育。综合高中和应用技术大学是职业技术教育子系统与普通教育子系统的交汇区域。

二是学校职业教育与企业内部培训相互融合。职业学校教育只有与企业培训相结合,才能实现培养一线实用人才的系统功能,体现出职业技术教育的类型特征;企业培训只有与职业学校教育相结合,才能实现培训现代化,适应第四次工业革命的需要。企业培训与职业学校教育结合是全球职业技术教育发展的主流趋势和本质要求,各国职业技术教育模式的不同在于二者结合的方式和程度不同。我国职业技术教育改革的基本任务就是探索职业学校教育与企业培训的具体实现途径,中国特色学徒制是改革的基本方向。①

三是技术技能人才培养与技术服务相互结合。技术服务是职业技术教育系统的一项附属功能,可以提高系统资源的综合利用效率。职业学校教师通过开展技术服务,可以更好地了解企业技术发展状况,增强教学的针对性和有效性;通过教学水平的提升,教师又可以掌握更多的技术知识,增强解决企业技术问题的能力。职业技术学校教师将人才培养与技术服务相结合,是实现专业化发展的基本途径,也是各个职业技术学校对合格教师的基本要求和评价标准。

四是技术技能人才培养与文化传承相互结合。一名合格的技术技能人才是技术知识和技术文化的综合载体,缺少技术文化的实用人才很难成为优秀人才。因此,在职业技术人才培养中都注重工匠精神和质量文化的传承,也只有强调精益求精的工匠精神,才能实现职业技术教育系统功能。

五是企业新型学徒制与现代学徒制相互融合。我国在推进职业技术教育改革的过程中,出现了企业新型学徒制与现代学徒制两种具体模式,其主要区别在于教育主体结构上的不同。企业新型学徒制是以企业为主导、与职业院校相结合的人才培养模式,目前主要培养对象是本企业内部员工;现代学徒制是以职业院校为主导、与企业相结合的培养模式,目前主要培养对象是高中毕业生。两种模式走向融合是职业技术教育发展的必然趋势。

六是职业技术教育与终身教育相互融合。企业新型学徒制与现代学徒制的相互融合,已经体现出职业技术教育与终身教育相互融合的特征。随着技术进步速度的不断加快,企业在职员工接受继续教育是一种普遍现象,单纯的职前教育已不能满足一个人整个职业生涯的需要。从这个意义上说,将中等职业教育划入高中教育阶段是一种不科学的做法,一名成功的电气工程师也可能到中等职业学校补充钳工技能;即使同样招收初中毕业生,由于用人岗位要求不同,中等职业教育也不必同样都达到高中文化程度。

---

① 中共中央关于制定国民经济和社会发展第十四个五年规划和二〇三五年远景目标的建议[EB/OL].(2020-11-03)[2021-02-17].

附录A 2017—2020年美国学徒制动态研究

近些年,美国为了振兴制造业,重回制造业强国地位,对技能人才的培养给予了高度重视。面对产业技能人才短缺和结构性就业问题,奥巴马政府和特朗普政府都从总统层面亲自部署职业教育与技能培训工作。鉴于美国的实践和对英、德、澳等国的研究,学徒制作为高效的技能人才培养模式受到奥巴马政府和特朗普政府的高度肯定。2017年特朗普当选美国总统后,特朗普政府更是在学徒制推进方面持续发力,从2017年至2020年,学徒制的推广紧锣密鼓。2017年6月15日特朗普在白宫签署《在美国扩展学徒制总统行政令》,政府办公室组织各部门力量全力推进学徒制工作,成立了扩展学徒制工作组,开展了专门研究和提交了战略提案,动员了劳工部、教育部、财政部,发动了社区学院协会、行业协会、企业界和社会组织共同参与学徒制的创新、设计与实施,塑造学徒制品牌,强化学徒制影响力和吸引力,扩大学徒制规模,提升学徒制成效。下面对美国学徒制2017年至2020年的动态关注与分析主要从美国学徒制概况与扩展动因、美国扩展学徒制的政策与行动、美国扩展学徒制的成效与问题,以及中美两国学徒制对比与启示四个方面展开。

一、美国学徒制概况与扩展动因

(一)美国学徒制概况

美国政府对于学徒制的定义是:"学徒制"是包含带薪工作和教育或培训的一种组织形式,个人通过这种形式可以获得职场知识和技能。[①] 美国现有的学徒制项目包括:美国劳工部管理的注册学徒制、青年学徒制、产业认可的学徒制,教育部管理的高中STEM职业与技术教育学徒制路径项目,美国社区学院协会管理的社区学院学徒制拓展项目。美国政府的专门学徒制网站(apprenticeship.gov)作为学徒制的工作平台并提供学徒制项目相关服务。在管理体制方面,美国劳工部下属学徒制办公室(Federal Office of Apprenticeship,DOL/OA)直接负责管理25个州的学徒制计划,而其他25个州和哥伦比亚特区的州学徒制机构(State Apprenticeship Agencies,SAAs)则负责本州的学徒制计划,但是必须符合联邦标准。

美国学徒制项目申请实体可以是企业,也可以是社区学院等职业教育机构,但通常是以联合体形式申报。申请实体需要在申请表格中就自身以及合作的伙伴(企业/学校)的培训能力进行阐述和佐证,并经由美国劳工部门认证许可后方可进行学徒制项目的实施。通过学徒制管理部门注册后与学徒工签订协议,明确双方的责任和义务。学徒学习实行学分制,学徒可以边接受培养、教育边工作,并将理论学习和实践学习相结合。由企业或企业联

---

① Presidential Executive Order Expanding Apprenticeships in America[EB/OL].[2017-06-15]. https://www.whitehouse.gov/presidential-actions/3245/.

合体组织进行学徒制项目的设计和课程的设置;学术课程按照行业岗位需求由社区学院等教育机构负责开展,也可以由技术学院、培训学校及相关学徒制学院等社会组织负责,极少数情况由企业来完成,具体形式包括学徒在学校学习、在线学习以及在工作单位学习。

学徒学制时间为1~6年,学制灵活,由行业和学徒培养模式决定,大部分行业的学徒制需要1~2年,例如家庭健康护理、急诊技师等。学徒年龄不得低于16岁,通常18岁可申请成为学徒,高中生涯技术教育(CTE)在校生、初高中毕业生、失业人员、退伍军人、大学毕业生及社会专业技术人员均可参与学徒制学习。学徒工资从工作第一天算起,通常每小时15美元,随着技能提高和时间推移逐渐提高。雇主担负学徒工资及岗位实践经费,政府为学徒制的理论学习、学习鉴定及证书办理拨付经费。学徒期满,经鉴定符合标准要求,可以获得行业认可、全国通用的证书,同时取得学院学分(也有的可获得副学士或学士学位)。学徒培养结束后在企业的留存任职率为91%左右(美国劳工部2019年数字)。

(二) 美国扩展学徒制的动因

2017年至2019年美国学徒制推进较为迅速的动因源于经济社会发展的需求。贸易逆差和失业问题使美国制造业重振被提上日程,技能劳动力宽幅波动并出现走低趋势,技能岗位缺口扩大及结构性就业问题凸显是美国学徒制推进步伐加快的主要因素。在现今经济快速变化的情况下,准备相应的工人以填补现有的以及未来的岗位空缺极为重要。另外,许多学院和大学无法保证毕业生掌握能够获得高薪工作的技能,并且许多人无法获得工作机会却有学业贷款缠身。而联邦资助教育和劳动力开发项目并不能很好地服务美国工人阶层,每年虽有数以亿计的纳税人税款投入这些项目中,但是许多美国人却一直为找到全职工作而苦苦挣扎。为促进可负担的教育和高回报工作预期的推广,美国教育系统和劳动力开发项目亟待改革。特朗普政府指出:如果联邦资助教育项目和劳动力开发项目的作用无法显现,将进行优化或者取消,以保障纳税人的税尽其用。①

2019年6月美国总统顾问伊万卡在白宫网站指出:"美国劳动力市场繁荣的同时也存在许多挑战。美国经济尚有740万岗位空缺,连续14个月空缺岗位数超过求职者数量。企业希望能填补这些岗位空缺,美国政府有责任寻找新的办法强化美国劳动力,使美国劳动力技能能够满足雇主需求。"②美国联邦项目必须在岗位空缺(包括现有350 000制造业岗位空缺)与无业工人匹配方面发挥更加积极的作用。③ 而从欧洲、澳洲及美国原有的学徒制实践来看,学徒制是技能型人才培养的有效模式,是一种"双赢"模式。这种模式可以为学徒提供薪资、相关工作经历,以及通向良好工作岗位并获得就业和生涯发展的路径,同时为雇主提供所需技能型员工。在这种背景之下,美国扩展学徒制计划应运而生。

---

① Presidential Executive Order Expanding Apprenticeships in America[EB/OL].[2017-06-15]. https://www.whitehouse.gov/presidential-actions/3245/.

② The White House,Trump Administration's Industry-Recognized Apprenticeships Will Keep America Working[EB/OL].[2019-06-25]. https://www.whitehouse.gov/articles/trump-administrations-industry-recognized-apprenticeships-will-keep-america-working/.

③ Presidential Executive Order Expanding Apprenticeships in America[EB/OL].[2017-06-15]. https://www.whitehouse.gov/presidential-actions/3245/.

二、美国扩展学徒制的政策与行动

美国扩展学徒制的政策以《在美国扩展学徒制总统行政令》为总纲,制定了具体实施框架,责成劳工部会同教育部、产业界和社区学院协会等部门协同推进具体的扩展学徒制工作。

(一)美国扩展学徒制政策与总体实施框架

美国政府已经将学徒制作为劳动力开发策略的中心,因此2017年6月15日在白宫签署了《美国扩展学徒制总统行政令》(*Presidential Executive Order Expanding Apprenticeships in America*)。美国政府希望通过鼓励雇主和产业集团参与开发和监管项目,在全国范围内大力扩展带薪学习培训模式。提出未来的两个关键问题在于:在快速扩张的同时,如何保证学徒制培训的质量和如何塑造学徒制的全国品牌并使之成为受推崇的学士学位的替代选择。

1.《美国扩展学徒制总统行政令》的内容

(1)建立"产业认可的学徒制项目(industry-recognized apprenticeships,IRAPs)",赋予更多的产业和行业参与学徒制的机会。产业认可的学徒制项目与现有的注册学徒制(registered apprenticeships)并行。产业认可的学徒制使产业界与协会组织、联合体、非营利性组织以及其他机构共同为美国工人提供技能教育。总统行政令责成劳工部长与教育部和商务部协同推动通过第三方的参与开展学徒制项目。第三方主体包括贸易与工业集团、公司、非营利组织、工会和联合劳动管理组织。确定第三方机构认证高质量学徒制项目(产业认可的学徒制项目)的规范,确保第三方机构认证的学徒制项目能够符合质量要求。任何行业认可的学徒项目都可以在劳工部管理的注册学徒制项目下快速和简化注册。使用注册学徒制系统的雇主继续按照现有程序进行。①

(2)为学徒制推广提供资金支持。在美国现有法律条款下,部长将使用可调配资金推广学徒制,尤其需要扩展中等和中等后教育以及社区学院扩展学徒制入口和增加参与度;拓展目前学徒岗位不充足行业的学徒数量;提升青年的学徒制参与度。

(3)扩展学徒制入口。国防、劳工和教育部,以及司法部长开展磋商,在美国高中生、就业工作团参与者、监禁释放人员、目前没有上高中或正规高等教育机构的人,以及美国军人和退伍军人中推进学徒制和预备学徒制(pre apprenticeships)。商务部和劳工部部长将在制造业、基础设施建设、网络安全和医疗保健等关键产业领域推进学徒制。在学院和大学中推广学徒制项目,教育部在法律范围内支持两年制社区学院和四年制学院将学徒制项目融入学校课程中。

(4)在劳工部内部成立扩展学徒制工作组(Task Force on Apprenticeship Expansion)。工作组将负责审核策略和提案,促进学徒制发展,尤其是在学徒制推广尚不够充分的行业促进学徒制项目开展。开发联邦项目,推进学徒制;进行管理和立法改革,促成学徒制项目取

---

① Presidential Executive Order Expanding Apprenticeships in America[EB/OL].[2017-06-15]. https://www.whitehouse.gov/presidential-actions/3245/.

得成效；制定实现产业认可的学徒制最有效的策略；推广和鼓励私营部门实施开展学徒制的最有效策略；劳工部部长任工作组主席，教育部部长和商务部部长担任工作组副主席。主席提名工作组其他成员，工作组不超过20人，来自美国公司、贸易或工业集团、教育机构、工会等部门。

伴随总统行政令相继出台的政策还包括《学徒制项目、劳工注册标准、政策修订》（*Apprenticeship Programs*，*Labor Standards for Registration*，*Amendment of Regulations*）、《产业认可的学徒制》《注册学徒制项目劳动标准》等。扩展学徒制工作组成立后，2018年共召开6次会议，向总统提交学徒制报告，规划扩展学徒制策略。2018年和2019年，组织国家学徒制周为商业、劳工、教育界领导者和其他重要伙伴提供机会，展示各方对于学徒制的支持。2019财年1季度，这些相关方举行了1100多场全国范围的活动。美国政府对学徒制的直接拨款由2016年的9000万美元增至2017年的2亿美元，美国对于学徒制的经费拨付持续增加，2020财年继续增长，对于社区学院和学生的拨款在前两轮拨款增加的基础上，通过许多项目（包括新的劳工部与社区学院协会培训项目）下发。① 劳工部培训项目中，财政部对注册学徒制项目拨款由2019财年的16000万美元增加至2020财年的175000万美元。《劳动力创新与机遇法案》（*Workforce Innovation and Opportunity Act*）所有常规项目全部增加资金支持，增加比率约为1.1%。

美国国家层面推进学徒制的政策和项目以及政策出台频繁，在政府规章网站（https://www.regulations.gov）可以看到大量学徒制相关文件。在美国政府日报《联邦公报》网站搜索"学徒制"关键词，将时间截取在一年内（2019年2月至2020年1月），可以看到相关政府性动作，这些学徒制的文件、通知、提案、报告，总统行政令来自总统办公室、劳工部、员工利益保障局、劳工部就业与培训局（表A-1），体现了政府对于学徒制发展的高度重视。②

表A-1 2019年2月—2020年1月学徒制相关政府行动列表

序号	日期	分类	题目	发文部门
1	20200130	N	注册学徒制项目劳动标准	劳工部
2	20200129	N	学徒制项目中的平等就业机会	劳工部
3	20191219	N	学徒制实证构建项目	劳工部
4	20191023	N	美国学徒制项目评估	劳工部
5	20191008	PR	州扩展学徒制拨款调查研究	劳工部
6	20191114	PD	国家学徒制周	总统办公室
7	20190625	N	学徒制项目、劳动标准和条例修订	劳工部
8	20160617	R	特定学徒群体补贴计划报告	员工利益保障局
9	20190221	N	产业助推学徒制计划	劳工部就业与培训局

注：N表示通知；PR表示规章；R表示报告；PD表示总统文件

---

① FinalFY 2020 Appropriations Legislation—AACC Perspective[EB/OL].[2019-12 23].https://www.aacc.nche.edu/2019/12/23/final-fy-2020-appropriations-legislation-aacc-perspective/.

② Apprenticeships[EB/OL].[2020-01-23].https://www.regulations.gov.

2. 美国扩展学徒制实施框架

美国扩展学徒制战略框架(图 A-1)展示了国家扩展学徒制的行动策略,主要包括以下方面。

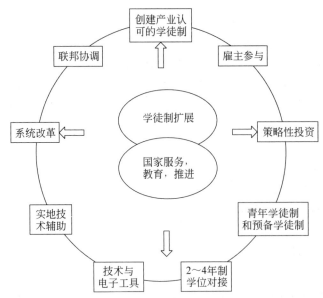

图 A-1　美国扩展学徒制战略框架(图片来源于 https://www.performance.gov)

(1) 创设产业认可的学徒制:建立产业认可的学徒制项目认证机构指南。

(2) 联邦协调:与联邦机构合作,推进学徒制。

(3) 系统改革:简化学徒制审批流程。

(4) 实地技术辅助:帮助雇主和赞助商启动新项目或者扩展现有学徒制项目。

(5) 技术与电子工具:使个人和雇主更容易寻找学徒制项目参与机会,完成相应操作流程。

(6) 雇主参与:吸引产业界领袖和雇主参与,创造规模经济。

(7) 策略性投资:进行技术投资、市场推广和项目支持,扩展学徒制。

(8) 通过青年学徒制和预备学徒制与 2~4 年制学位对接:开发新的劳动力准备路径,满足雇主需求,减少项目不良绩效,吸引新的参与主体。[①]

(二) 美国扩展学徒制各部门行动

在总统行政令的总纲下,以劳工部为组织实施总负责部门,教育部、社区学院协会协同启动和开展相应的扩展学徒制项目,共同推进学徒制技能培养战略实施。

1. 劳工部的组织与管理

美国劳工部 2018—2020 年一直将扩展学徒制作为部门优先级工作,这一点在美国政

---

① https://www.federalregister.gov/documents/search?conditions%5Bpublication_date%5D%5Bgte%5D=02%2F01%2F2019&conditions%5Bterm%5D=Apprenticeship&page=1.

府绩效网站上也有发布。劳工部在扩展学徒制总统行政令的框架下工作,与教育部和美国社区学院协会(American Association of Community Colleges,AACC)协调联动,同时组织产业界和认证机构共同推进学徒制标准制定、项目认证、证书评定和网络建设。2018年1月,劳工部与美国社区学院委员会签署协议,推进学徒制与高等职业教育相结合。提出"基于行业领域的扩展学徒制战略",鼓励高等教育机构积极发挥主体作用,2018年美国劳工部下拨1.5亿美元在全国范围的关键行业领域支持基于行业的扩展学徒制路径。通过这种方式在新行业中扩展学徒制,这些行业目前的岗位空缺已达660万,急需先进技能。2018年劳工部发布文件,推出多元主体共同开展与注册学徒制并行的"产业认可的学徒制",产业认可的学徒制项目将与现行注册学徒制项目并行。关于产业认可的学徒制项目的设立,美国劳工部仅仅对管理者、州和地方人力资源机构发布了广泛性指导。劳工部将对项目的认证质量进行评定,但不会去决定学徒制标准的具体内容。这种产业认可的学徒制运行结构意味着每个行业中学徒制的相关方——雇主、工会、劳工管理机构和其他参与主体可以自主设计适合行业需求的学徒制项目,创新学徒制项目形式。产业认可的学徒制项目一定是由劳工部批准,第三方认证的高质量学徒制项目。

劳工部提供1.838亿美元,向扩展学徒制的私营与公立学徒制合作实体提供基于行业策略的学徒制津贴,涉及行业包括信息技术、先进制造业、医疗保健。产业认可的学徒制项目除了由产业界的标准进行质量衡量要素外,在主体构成上明显呈现规模化特征,多数为几所学院、大学、研究机构、基金会等或者这几者的共同体与相应的企业、行会等实体的共同体组成联合体,资源和实力雄厚,有利于集约化运行和拓展项目规模(表A-2)。学徒津贴将对85000名学徒在学徒制项目中进行培训提供支持,为包括退役军人、军属以及服务人员在内的所有美国人提供学徒机会。学徒接收单位包括与国家行业协会、行业雇主代表及其他机构合作的学院、大学、高等教育州立系统。作为项目的组成部分,产业方将为开发急需技能的教育机构提供部分配套资金。

表A-2 23家接受学徒制津贴的教育机构及联合体与私营部门合作伙伴名单

所在州	参 与 方	行业
亚拉巴马	亚拉巴马州社区学院系统、全国制造商协会制造业研究所	先进制造
亚利桑那	皮马县社区学院及另外4所学院、全国制造商协会制造学院、全国工具加工协会和全国金工技能学院	先进制造
加利福尼亚	西洛杉矶学院及另外5所学院、航空工业协会、制造工程师协会、美国学徒制协会和17家公司	先进制造
科罗拉多	科罗拉多高等教育系、科罗拉多社区学院系统、凯泽永久医疗中心、森图拉健康中心、沛缇健康食品/美国医院社团、UC健康中心和科罗拉多农村健康中心	医疗保健
康涅狄格	康涅狄格州立学院和相关大学、洛克希德·马丁空间系统公司、通用动力、电船公司、IBM、音响制造公司和惠特尼集团公司	先进制造
佛罗里达	佛罗里达国际大学理事会、城市服务大学联盟、人力资源管理协会基金会和3家相关公司	信息技术
佛罗里达	佛罗里达迈阿密戴德学院、波尔克州立学院、计算技术产业协会和卡西亚公司	信息技术

续表

所在州	参与方	行业
伊利诺伊	伊利诺伊州社区学院委员会、芝加哥城市学院计算技术产业协会	信息技术
印第安纳	印第安纳普渡大学、5个相关协会和7家相关公司	信息技术
马萨诸塞	克拉克大学、6所学院的受托人和13家相关公司	信息技术
马里兰	巴尔的摩郡马里兰社区学院、约翰·霍普金斯医学院和3家医院	医疗保健
密苏里	圣路易斯社区学院、国家金属加工技能研究所的8所学院	先进制造
新泽西	阜尔根社区学院、来自新泽西郡学院委员会的参与者、CVS健康和5家医疗实体	医疗保健
新泽西	莫里斯县学院、7所社区学院、德国美国商会、西门子、UPS和5家公司	先进制造
纽约	纽约州立大学纽约研究基金会、57家公司	先进制造
俄亥俄	哥伦布州立社区学院、其他25所学院和大学、10家公司	信息技术
俄亥俄	洛雷恩县社区学院、美国全国制造商协会制造业研究所、美国俄亥俄州制造商协会和美国金属加工技术研究所	先进制造
俄亥俄	辛辛那提大学、5所学院、诺斯罗普格鲁曼公司、IBM、通用航空和另外4家公司	信息技术
宾夕法尼亚	宾夕法尼亚技术学院、新泽西理工学院、4个协会和7家公司	先进制造
德克萨斯	达拉斯县社区学院、美国医院协会、9个医疗实体	医疗保健
德克萨斯	圣哈辛托社区学院区、其他3所学院区、IBM、洛克希德马丁、塞内公司、思科系统等	信息技术
犹他	韦伯州立大学、2所学院和14家公司	信息技术
西弗吉尼亚	西弗吉尼亚州社区、技术学院教育委员会、9所学院和大学、17家公司	信息技术

2. 教育部的规划与联动

美国教育部推进学徒制项目主要是以社区学院和高中的生涯技术教育为依托。引导和推进生涯技术教育(CTE)高中生学徒制开展,实施"高中生涯技术教育学生 STEM 学徒制路线图"项目。教育部生涯、技术与成人办公室(Office of Career, Technical, and Adult Education, OCTAE)具体负责学徒制项目在教育体系的运行。

第一,美国教育部推进高中 CTE 学生参与学徒制学习。

按照 2017 年美国扩展学徒制总统行政令,教育部将推进高中阶段 CTE 学生学徒制项目学习的参与规模,学徒年龄由原来平均 30 岁的校外人员向高中在校 CTE 学生扩展,其中比较典型的几个州,比如北卡罗来纳州、威斯康星州和南加利福尼亚州等都进行了学徒制项目推进。

(1) 在北卡罗来纳州,青年学徒制项目为高中生提供机会,获取中等教育生涯技术教育课程学分、学院学分和在岗培训。毕业后,学生完成了带薪学徒制学习,获得副学士学位。西门子公司和美瑞泰克等公司组成雇主联合体,与当地高中以及中皮德蒙特社区学院合作开展学徒制项目。

(2) 在威斯康星州,青年学徒制项目要求学生完成两年的学习,每年 450 工时,并完成四个阶段相关教室学习课程。学生在哈雷戴维森等公司先进制造业岗位学习和工作。

（3）在南加利福尼亚，加利福尼亚学徒制已经拥有100多项由阿加佩医疗公司、宜发传动轴公司和赫尔酒店集团等不同雇主发起的学徒制项目。学生可以在高中毕业前或者毕业后获得注册学徒制证书。

（4）在肯塔基州实施生涯技术准备学徒制。青年准备学徒制项目是一项企业和产业驱动项目，旨在创建高中生通往制造业、焊接等高等学徒制培训的路径。雇主按照企业需求设计项目方案，为学徒选择相应的生涯技术教育课程。学生只需极少或者是无须支付费用即可完成学徒制学习，获得全国认证的证书。[①]

第二，实施"高中CTE学生STEM学徒制路线图"项目。

美国教育部文件显示在2017年扩展学徒制之前，美国的学徒制项目很少为25岁以下的年轻人提供机会，尤其是高中生。在2017年，美国在推进双元入学（使学生获得学院学分的同时仍然能够在高中学习）方面已经取得了一些成绩，但效果还不太显著，澳大利亚、德国、瑞士和其他国家的学生高中时期便可以开始学徒制学习，但是在美国，学徒制与高中之间并没有很多关联。

在这种情况下，美国教育部积极创新，2018年5月，推出"高中生涯技术教育学生STEM学徒制路线图"项目。项目的目的是支持各州扩展学徒制计划，通过在科学、技术、工程和数学，包括计算机科学在内的领域开展学徒制，提升生涯技术教育高中生向高等教育阶段的转换能力和就业能力。

美国教育部拨付300万美元资助项目开展。"高中CTE学生STEM学徒制路线图"项目津贴用于支持地方或区域为高中生涯技术教育高中学生设立学徒制项目措施的州级行动，或者生涯技术教育高中学生扩展协调性学徒制规划编制工作，资助对象可能包括致力于在同一行业开展学徒制的多州联合项目。各州设法解决法律或政策上的障碍，如最低年龄要求和限制高中生参与学徒制的安全或责任规定等，以增加参加学徒项目的生涯技术教育高中生人数。

"高中CTE学生STEM学徒制路线图"项目要求至少一个雇主和一个高等教育合作伙伴（如国家高等教育机构或一个或多个高等教育机构）合作开展项目。由于雇主确定学徒必须学习的技能，资助学徒，支付工资，并提供在职培训，与雇主的合作是发展和维持学徒路径的关键。高等教育合作伙伴（一家州高等教育机构或多个高等教育机构）是至关重要的，因为在学徒期提供的大多数相关生涯技术教育指导是由这些实体开发和提供的。将双学分嵌入学徒制项目中或许会使得学徒制项目对于高中生更具吸引力，使高中生即便决定毕业后不继续学徒制学习，也将有其他的高中可选择。此外，在一些州、社区和技术学院在为学徒期间的学习提供高等教育学分方面起到了示范作用，这些学分可作为申请学位或其他证书的依据。[②]

[①] Apprenticeship Works for High School[EB/OL].[2020-01-03].https://sites.ed.gov/octae/tag/apprenticeship/.
[②] Office of Career, Technical, and Adult Education, Department of Education, Applications for New Awards; Pathways to STEM Apprenticeship for High School Career and Technical Education Students[EB/OL]. https://www.federalregister.gov/documents，2018-05-18.

3. 美国社区学院协会扩展学徒制进展

美国社区学院协会（AACC）与劳工部达成合作伙伴关系，开展相关项目，积极回应扩展学徒制需要，同时在教育部的教育体系扩展学徒制计划框架下，强化社区学院在学徒制培训领域的参与度。AACC启动了"扩展社区学院学徒制项目（Expanding Community College Apprenticeships，ECCA）"，与劳工部共建学徒制网络，组织国内和国际性学徒制相关研讨会，实时报道社区学院系统的学徒制进展，在社区学院体系扩大学徒制的影响力和实施范围。

第一，启动和开展扩展社区学院学徒制项目，由美国社区学院协会领导，劳工部对项目拨款的"扩展社区学院学徒制项目（ECCA）"于2019年1月启动。项目旨在在全美范围内增加学徒制项目的数量和服务，为美国劳动力大军注入动力。社区学院协会和劳工部共同为社区学院提供服务，促进社区学院和企业创设并运行学徒制项目。拓展学院学徒制项目将历时三年，预计培训学徒数16 000人。该项目为社区学院合作伙伴提供经费支持，超过12 000个新注册学徒获得资助。①

项目由四部分构成：①确认并推进高度成功的学徒制模式，迅速将筛选出的模式全面应用于学徒制项目；②投资2000万美元建设基于网络的虚拟学徒制网络，构建雇主与社区学院连接的平台，发布学徒制项目行业领域、条件、要求、数据等；③遴选80所实力型社区学院，在三年内迅速将新学徒制规模扩展至12 000人；④集中关注四家全球性认证企业和当地与企业产业领域对应的社区学院，开发并实施专设项目，满足企业需求，进行定制化学徒培养，每家参与主体在三年内完成1000名学徒培养。社区学院主席兼CEO Walter Bumphus先生指出："创设更新更好的学生与雇主互动才符合需求，项目将发挥对学生、雇主和美国经济的持续影响力。"②

第二，建设网格化管理体系，实时跟进项目进度。美国社区学院协会在官网运行专门板块，动态化管理"扩展社区学院学徒制项目（ECCA）"。网络实时数据显示，截至2020年2月5日，ECCA项目分布于31个州，最南一直到关岛，涉及的州数多于美国劳工部直接管理的学徒制所分布州数。在31个州共计有66所社区学院参与项目，各州的参与学院数量1~6所，最多的是俄亥俄州和得克萨斯州，分别为6所社区学院参与。学徒数量共计12 668名，平均每所社区学院注册新学徒数为192人。在行业领域分布方面，从数量密集程度上由高至低依次为：先进制造（30）、建筑（20）、医疗保健（17）、信息技术（17）、能源（14）、酒店（14）、金融与商业（9）、交通（8）、农业（3）、通信（2），所涉及行业与劳工部产业认可的学徒制项目情况类似，都将专业布局从原来的电工等转向了先进制造业、信息技术、医疗保健等行业（表A-3）。③

---

① Expanding Community College Apprenticeships［EB/OL］.［2020-02-15］. https://www.aacc.nche.edu/programs/workforce-economic-development/expanding-community-college-apprenticeships/.

② Community College Daily，AACC, DOL partner to expand apprenticeships［EB/OL］.http://www.ccdaily.com/2019/01/aacc-dol-partnership-aims-expand-apprenticeships/，2019-01-24.

③ Registered Apprenticeship Industry Sectors by State［EB/OL］. https://www.aacc.nche.edu/programs/workforce-economic-development/expanding-community-college-apprenticeships/projected-apprenticeships-by-state/.

表 A-3　ECCA 项目 2020 年 2 月 5 日分布数据

序号	州	行业部门	社区学院数量/个	学徒数量/人
1	阿拉巴马	先进制造、建筑、金融与商业、信息技术	1	150
2	阿拉斯加	先进制造、建筑、酒店	1	150
3	亚利桑那	先进制造、建筑、能源、酒店	2	330
4	加利福尼亚	先进制造、能源、医疗保健、酒店、信息技术	4	900
5	科罗拉多	先进制造、医疗保健	1	173
6	佛罗里达	先进制造、能源、信息技术、通信、交通	4	675
7	关岛	建筑、医疗保健、通信	1	150
8	爱达荷	先进制造、能源、金融法与商业、医疗保健、酒店、信息技术	1	170
9	伊利诺伊	农业、先进制造、医疗保健、酒店、信息技术、交通	3	775
10	印第安纳	先进制造、信息技术	1	450
11	爱荷华	先进制造、建筑、能源、金融与商业、医疗保健、酒店、信息技术、交通	3	505
12	堪萨斯	先进制造、建筑、医疗保健	2	467
13	肯塔基	先进制造、建筑、金融与商业、医疗保健、信息技术、交通	1	450
14	马里兰	农业、先进制造、建筑、医疗保健、信息技术	3	462
15	密歇根	先进制造、建筑、能源、医疗保健、酒店	4	525
16	密苏里	先进制造、建筑、能源、交通	2	340
17	内华达	先进制造、建筑、能源、金融与商业、酒店、信息技术	2	330
18	新罕布什尔	先进制造、医疗保健、酒店	1	179
19	新泽西	先进制造、建筑	1	150
20	新墨西哥	先进制造	1	150
21	纽约	先进制造、能源、医疗保健、酒店、信息技术	4	610
22	北卡罗来纳	先进制造、金融与商业、信息技术、交通	1	186
23	俄亥俄	农业、先进制造、建筑、能源、金融与商业、医疗保健、信息技术、交通	6	1527
24	俄勒冈	先进制造、建筑	1	156
25	南卡罗来纳	先进制造、建筑、医疗保健、信息技术	1	150
26	田纳西	先进制造、建筑、酒店、信息技术	2	305
27	德克萨斯	先进制造、建筑、能源、酒店、信息技术、金融与商业、医疗保健、信息技术、交通	6	1245
28	弗吉尼亚	先进制造、能源、医疗保健、酒店、信息技术	2	342
29	华盛顿	先进制造、建筑、能源、金融与商业、医疗保健	2	310
30	威斯康星	先进制造、建筑、能源、酒店	1	150
31	怀俄明	先进制造、建筑	1	206

数据来源：https://www.aacc.nche.edu/programs/workforce-economic-development/expanding-community-college-apprenticeships/projected-apprenticeships-by-state/

三、美国扩展学徒制的成效与问题

(一)美国学徒制改革成效

美国白宫 2019 年 6 月一份关于短期培训的报告中指出:"短期培训被证明效果不理想,而学徒制培训则是唯一效果显著的项目。"①学徒制可以有效解决结构性就业问题,原因在于,结构性就业问题与一般性就业问题不同。一般性就业问题是因缺乏足够的工作岗位,结构性就业问题则是由于经济结构和劳动力结构不对应而形成的工作岗位与劳动者文化技术水平不相适应。②美国政府依据产业界岗位需求进行学徒制专业布局,按照岗位技能要求规模化培养学徒,这就在很大程度上解决了机构性就业问题。2017 年 1 月至 2019 年 6 月,超过 50 万人参与学徒制项目,在劳工部和州学徒制管理部门注册。完成学徒制学徒的起始年薪超过 7 万美元。美国学徒制总的发展趋势是政策由上至下全面周密;管理体系呈现数字化指标量化监控;学徒数量迅速扩大;学徒对象由社会人员向高中 CTE 学生扩展,学徒年龄呈现年轻化趋势;学徒制申办主体呈现多校、多企以及与行会和科研机构等实体形成联合体的形式;学徒培养行业领域由低端领域转向先进制造业、信息技术和医疗保健等行业;产业界的需求和作用的发挥更加被关注;学徒制认证体系日趋完善。

学徒行业领域的转变是美国学徒制近三年很突出的一大特点。学徒专业从 2016 的电工、管工、木匠、建筑工等转向 2017 到 2020 年的先进制造、信息技术、医疗保健等。产业认可的学徒制项目和扩展社区学院学徒制项目共同体现了这一点,这也正是美国政府对学徒制作为其经济发展人力资源战略布局的体现。

截至 2019 财年二季度(2019 年 6 月 30 日),美国扩展学徒制已取得的阶段性成果,主要包括以下成果。

(1) 2018 年 7 月 27 日,发布产业认可的学徒制项目培训与就业公告。

(2) 2018 年 8 月 30 日,启动学徒制政府网站学徒制查询工具。

(3) 发布新的总资助资金为 15 000 万美元的 H-1B 招标公告,基于行业策略扩展学徒制。

(4) 经美国政府管理预算局复审批准后向国会提交投资框架,在 2018 财年为学徒制提供 14 500 万美元资金支持。

(5) 发布按照计划完成的信息收集工具和产业认可的学徒制认证机构信息文件包,提交美国政府管理预算局审批。

(6) 自 2017 年 1 月 1 日到 2019 年 2 季度,已实现 499 000 名新学徒入学。

(7) 开发基于共识、产业开发的职业框架,提供了 15 个行业的学徒制标准。

(8) 发放国家学徒制补助金。

(9) 发放学徒制培训资金,对工人开展高技能工作培训。

(10) 启动品牌和市场推广活动。

---

① Government Employment and Training Programs: Assessing the Evidence on their Performance, https://www.whitehouse.gov/wp-content/uploads/2019/06/Government-Employment-and-Training-Programs.pdf.

② 范先佐.教育经济学新编[M].4 版.北京:人民教育出版社,2015.

(11) 启动在线产业认可的学徒制认证机构申请工具。
(12) 就规则制定提案,确定学徒制项目和劳工标准,修订条例并发布通知。
(13) 与学徒制认证机构共同实施产业认可的学徒制项目。
(14) 启动扩展学徒制奖学金项目。

(二) 美国学徒制成功要素

对美国学徒制的多方面进展进行观察,对数据进行分析,可以发现:强有力的政策框架、全方位项目规划与布局、持续性资金投入是美国学徒制发展的有利基础。各项目按照数字量化指标严格推进与监控,政府统筹学徒行业分布和规模等都是美国学徒制取得成效的因素。

在机构方面成立了强有力的扩展学徒制工作组;在活动组织方面得益于注册学徒制、产业认可的学徒制、各州扩展学徒制的执行机构、美国学徒制执行机构、参与协议的相关产业和中介机构、参与协议的商业开发团队和对开展学徒制项目的企业、开发基于网络的工具,向公众和潜在学徒制举办方发布学徒制项目指导服务和信息;在政策方面有美国扩展学徒制总统行政令、注册学徒制、产业认可的学徒制指南和推进学徒制的跨部门协力合作。

美国强健的学徒制体系中,政府和产业界的支持必不可少,构建可持续发展的学徒制体系还需要有效的品牌和广阔的市场;对于私营和公共企业主学徒制推销和组织的激励机制;开发可信任的行业标准相关项目并开展持续研究;学徒以及学徒制项目评估;认证机构颁发证书;学徒制市场调查以便于雇主开设和追踪项目进展;资金支持岗位以外的课堂学习质量提升;咨询、筛查准学徒,确保学徒准备良好;培训学徒制教师;研究、评估和宣传。

(三) 美国学徒制存在的困境与问题

美国缺乏企业培养员工的传统,无法像欧洲尤其是德国、澳大利亚、瑞士等国那样,企业具有培养员工的投资意识。美国的学徒制体系还不够强健,正在补充和完善过程中。另外,美国财政在学徒制项目的拨款比起欧洲相关国家依然显得很薄弱,与普通教育系统生均拨款金额相比显得尤为不足。

美国扩展学徒制的困难还在于民众对学徒制的抵触心理,不愿意孩子过早进入职业岗位,同时部分学校也不愿意将学徒制嵌入学校的工作中。企业存在学徒制信息闭塞和学徒制培养过程复杂,企业难以完成的问题。

四、中美两国学徒制对比与启示

美国劳工部、教育部、社区学院协会协同启动了相应的学徒制项目,共同响应总统行政令政策号召,这与我国的情形某些程度上是相似的。2014年《国务院关于加快发展现代职业教育的决定》指出要开展校企联合招生、联合培养的现代学徒制试点,推进校企一体化育人,教育部、人力资源和社会保障部、国家发展和改革委员会先后启动了相应的现代学徒制项目、企业新型学徒制项目、产教融合型企业及产教融合型城市建设项目。但是在管理上这些项目还有待完善和优化。可以参照美国的相关做法,对经费、学徒培养数量、学徒培养标准、学徒制参与主体标准进行论证、开发和指标发布,而尤其重要的是指标设置的数字化,以促使绩效考核量化且清晰。

在学徒制项目管理方面,我国的学徒制培养只是进行备案,现代学徒制项目在教育部备案,但是不具有法定效力,企业退出学徒制培养没有相应的约束,而院校方面也没有数字化的考量,比如学徒规模、学徒课程、学徒工资的相关指标监控。在项目审核上过于宽泛,中期验收和终审都缺少对学徒培养质量的检测,缺少学徒学习成效的鉴定,而在企业新型学徒制培养过程中也存在同样现象。开发全国通用的行业学徒制标准,学徒培养按照产业制定的标准开展,对学徒的学习进行鉴定并颁发全国认可的证书,或者结合目前的"1+X"证书制度来开展,为学徒的职业发展疏通路径,都将需要进一步探索和改革。

学徒制培养的行业布局同样很重要,而我国目前学徒培养对行业领域缺乏指导,主要依据院校和企业的意愿和需求开展,这种情况下就会缺乏总体性布局,造成局部适应但总体失衡的结果。尤其是从国家人力资源开发和就业战略高度出发,盲目性的学徒培养从长期来说可能会造成资源的浪费。政府应从宏观上采取对策,进行学徒培养的战略布局,提高资源利用率。岗位和学徒配置应该是数量、行业、地域和机构等方面的时间空间合理分布。美国的学徒制在按照行业需求总体布局的框架下,直接将岗位空缺与学徒岗位设置捆绑,解决企业岗位招工困难的同时,也缓解了失业或无业人员的就业、教育和技能提升问题。我国面临的技能岗位空缺和技能人才短缺或许可以考虑以学徒制的模式加以缓解和解决。

相比美国的学徒制服务、学徒制周等国家性行动,我国的学徒制实施与推广服务资金有待进一步补充。国家层面的宣传和社会影响力营造对学徒制的推广有重要作用,学生、员工以及准员工参与学徒制的信心需要国家层面的引导和激励。反观美国的国家学徒制周,活动多达千余次。我国可以在"大国工匠"或者是教育部的"职业教育活动周"等活动中对学徒制进行专门的活动组织和推广。

在网络化时代,国家性的学徒制网络服务平台建设对于学徒制的推广、运行管理和品牌塑造至关重要。目前英、澳、美等国都有专门性的学徒制服务平台,《在美国扩展学徒制总统行政令》中对学徒制网络平台建设给予了专门的要求。我国现代学徒制目前建有最基本的年度数据填报和材料提交平台,但仅限于院校等学徒制牵头单位进入和填写,企业新型学徒制尚没有相应的网络运行平台,主要是线下运行模式。这种情况对于学徒、专业、岗位等各方面数据的监控,以及学徒制的运行管理和考核监督都增加了难度,对于学徒和企业了解相关信息造成了不便。学徒制网络平台的建设将是学徒制运行的必要工具和设施之一。

现代学徒制和企业新型学徒制关于学徒薪资需要给予明确指导,与最低工资水平看齐,并且随着技能的提升要有对应的薪资增长规定。美国产业认可的高质量学徒制关于项目认证机构的标准和操作流程以及联合体学徒项目申报和实施模式,可供我国学徒制全面推行参考。

我国的现代学徒制项目目前设有现代学徒制工作专家指导委员会对学徒制项目进行指导,对项目运行进行定期审核,但专委会的组成成员主要来自各职业院校,行业企业等方面代表缺乏。专委会组成比例上可以考虑类似于美国学徒制项目认证机构的组成,将行业、企业、劳动力管理等部门纳入其中,提高行业参与度,强化工作力量,规范工作流程,形成常态化工作机制。企业新型学徒制可以建立相应的第三方机构,完善对项目的监管与评价。

我国现代学徒制和企业新型学徒制事关高水平产业工人培养,事关先进制造业、信息、能源、现代服务业等诸多行业的技能型人才培养。他山之石,可以攻玉,那么我们就有必要关注我们的竞争伙伴,分析其动向,取长补短,改进创新,争取竞争的先机,服务国家产业发展,提高劳动力大军技能水平,提升技能工人培养内生动力。

附录 B 高职院校工业机器人技术专业教学标准（参考）

B.1 工业机器人技术专业教学标准（学校）

一、专业名称与代码

专业名称：工业机器人技术

专业代码：560309

二、入学要求与学习年限

入学要求：高中毕业生

学习年限：3～5 年

三、培养目标

培养拥护党的基本路线，适应机电行业生产、管理、服务第一线需要的，德、智、体、美、劳全面发展的，具有创新精神、实践能力和可持续发展能力，掌握必备的基础理论知识、专门知识、基本技能和专业技能，能对工业机器人、自动化生产线进行操作、安装、调试、维修，能对电气控制系统进行设计、安装、调试的高素质技术技能人才。

四、职业范围

（一）职业岗位描述

职业岗位描述见表 B-1。

表 B-1 职业岗位描述

职业岗位	岗位名称	岗位职责
初始职业岗位	工业机器人编程与操作	主要对工业机器人进行编程与示教操作
	工业机器人维护维修	主要对工业机器人本体进行日常维护、故障诊断和维护
	工业机器人系统机械本体拆装	主要对工业机器人系统机械本体拆卸和安装
	工业机器人系统电气系统安装与调试	主要对工业机器人电气系统安装和调试
	工业机器人系统安装与调试	负责依照图纸或相关技术文件的要求，独立或是协同完成

续表

职业岗位	岗位名称	岗位职责
发展职业岗位	工业机器人工作站的系统设计	主要针对客户的需要为客户设计相应工业机器人工作站
	工业机器人产品营销和生产管理	主要对市场进行调研与分析,跟进客户,比较行情。协助管理本部门生产,制定降低库存方案等
	自动化生产线开发	主要为机械制造业设计自动化生产线,提高其工作效率

(二)职业资格证书

职业资格证书见表 B-2。

表 B-2 职业资格证书

序号	职业资格证书	等级	面向的职业岗位	颁发证书单位
1	电工	中级及以上	工业机器人运行、维护	中国人力资源和社会保障部
2	工业机器人装调维修工	中级及以上	工业机器人集成系统安装与调试员	机械工业职业技能鉴定指导中心
3	工业机器人操作调整工	中级及以上	工业机器人运行与维护员	机械工业职业技能鉴定指导中心
4	ABB机器人基础应用能力认证	中级及以上	ABB工业机器人的操作、编程、调试及维护	上海ABB工程有限公司

五、人才培养规格

(一)知识

(1) 能够运用政治理论和思想道德知识,坚定政治立场,树立正确的人生观和价值观;

(2) 能够运用基础文化知识进行应用文写作等;

(3) 能够运用机械传动、液压与气动系统等的专业基础知识进行工业机器人系统机械设备的维修和维护;

(4) 能够运用工业机器人原理、操作、编程与调试等专业知识进行 ABB 或其他品牌工业机器人操作、编程与调试;

(5) 能够运用 PLC、工业网络、组态软件、电气控制技术知识对焊接、装配、码垛、搬运等工业机器人自动化生产线进行安装调试;

(6) 能够运用文献检索知识,熟练运用外语阅读相关的工业机器人说明书。

(二)职业能力

(1) 能读懂工业机器人系统的结构安装图和电气原理图,整理工业机器人应用方案的设计思路;

(2) 能用 CAD 绘制简单机械部件生成零件图和装配图,跟进非标零件加工,完成装配工作;

(3) 能维护、保养工业机器人系统设备,能排除简单电气及机械故障;

(4) 能根据自动化生产线的工作要求,编制、调整工业机器人控制程序;

(5) 能根据工业机器人应用方案要求,安装、调试工业机器人及应用系统;

(6) 能应用操作机、控制器、伺服驱动系统和检测传感装置,绘制逻辑运算程序。

(三) 基本素养

(1) 具有思想政治素养;

(2) 具有文化科技素养;

(3) 具有人文素养;

(4) 具有爱岗敬业、吃苦耐劳、勤奋工作的职业道德素养;

(5) 具有合作意识和团队精神;

(6) 具有遵守法规和劳动纪律的意识;

(7) 具有环保、健康和成本意识。

六、主要课程简介

学校部分的课程分为文化基础课、技术基础课、专业理论课课程。企业针对工业机器人技术专业面向的就业岗位负责生产性项目课程。

学校部分的课程分为文化基础课、技术基础课、专业理论课课程。企业针对工业机器人技术专业面向的就业岗位负责生产性项目课程。

(1) 搬运、码垛、压铸工业机器人编程与操作岗位技能培训。本课程是一门校企合作专业核心课程。以工业机器人为对象,在实际工作岗位培训学生学习对工业机器人搬运、码垛、压铸等工作的离线编程,用示教器让工业机器人完成搬运、码垛、压铸操作。

(2) 焊接、装配工业机器人编程与操作岗位技能培训。本课程是一门校企合作专业核心课程。以工业机器人为对象,在实际工作岗位培训学生学习对工业机器人焊接、装配等工作的离线编程,用示教器让工业机器人完成焊接、装配操作。

(3) 工业机器人维护维修岗位技能培训。本课程是一门校企合作专业核心课程。在实际工作岗位培训学生学习日常对工业机器人进行维护和保养,学会对工业机器人本体的故障进行诊断和维修。

(4) 工业机器人机械本体拆装岗位技能培训。本课程是一门校企合作专业核心课程。在实际工作岗位培训学生学习工业机器人系统包括工业机器人和相关自动化生产线机线机械本体的拆卸和安装。

(5) 工业机器人电气系统安装与调试岗位技能培训。本课程是一门校企合作专业核心课程。在实际工作岗位培训学生学习工业机器人系统中的工业机器人本体和自动化生产线电气系统安装和调试。

(6) 工业机器人集成系统安装与调试岗位技能培训。本课程是一门校企合作专业核心课程。在实际工作岗位将机械、电气、气动、机械手、传感器、PLC控制和通信等技术展现给学生,旨在让学生了解现代化工业进程中工业产品被加工的自动化方式,认识工业机器人集成系统的结构、运动、驱动、传感、控制方式,能够对设备进行安装、拆卸、调试、故障诊断和排除。

七、教学时间安排

课程设置及教学安排表见表 B-3，专业选修课程表见表 B-4。

表 B-3 课程设置及教学安排表

课程类别	课程代码	课程名称	考试学期	学分	教学时数 总学时	教学时数 企业学时	第一学年 1学期 15+2周	第一学年 2学期 18+0周	第二学年 3学期 18+0周	第二学年 4学期 18+0周	第三学年 5学期 18+0周	第三学年 6学期 0+18周
专业：工业机器人技术												
公共基础必修课程	0400094	形势政策教育		2	40		4×2W	4×2W	2×4W	2×4W	2×4W	
	0300084	入学教育及军事训练		2	48		2W					
	0300026	思想道德修养与法律基础		3	52			4×13W				
	0100008	心理健康教育		2	36			2				
	0300117	军事理论		2	30			2				
	0300063和0300064	大学语文	1~2	4	66		2	2				
	0300167和0300168	大学英语	1	8	132		4	4				
	0300035和0300037	体育与健康		4	102		2	2	2			
	0300151 0300152	职业生涯规划与就业指导1.2		1.5	34				2×12W		2×5W	
	0300069	计算机信息技术基础		4	60		4					
	0300095	数学（一）	1	4	60		4					
	0300098	毛泽东思想和中国特色社会主义理论体系概论	1~2	4	64				4×16W			
	0300150	创新创业教育		1	32				4×8W			
	0300019	应用文写作		1	18						2×9W	
	0300173	中华优秀传统文化		1	18		2×9W					
	小 计			43.5	792							
专业必修课程	0500013	电工基础	1	5.5	90		6					
	0500841	工程制图	2	3	54			3				
	0500565	模拟电路设计与制作	2	6	108			6				

续表

课程类别	课程代码	课程名称	考试学期	学分	教学时数 总学时	教学时数 企业学时	按学年及学期分配(周数) 第一学年 1学期 15+2周	按学年及学期分配(周数) 第一学年 2学期 18+0周	按学年及学期分配(周数) 第二学年 3学期 18+0周	按学年及学期分配(周数) 第二学年 4学期 18+0周	按学年及学期分配(周数) 第三学年 5学期 18+0周	按学年及学期分配(周数) 第三学年 6学期 0+18周
专业：工业机器人技术												
专业必修课程	0500507	数字电路设计与制作	3	3.5	72				4			
专业必修课程	0500845	工业机器人技术基础		3.5	72				4			
专业必修课程	0500047	机械工程基础（学校）	3	3.5	72				4			
专业必修课程	0500276	电机与电气控制技术	3	3.5	72				4			
专业必修课程	0500849	CAD绘图技术	3	3.5	72				4			
专业必修课程	0501274	单片机技术	5	4	78						6	
专业必修课程	0500157	电力电子技术	5	3	52						4	
专业必修课程	0500846	机械三维建模		4	78						6	
专业必修课程	0500520	机电控制技术	5	4	78						6	
专业必修课程	0500115	职业技能实训与鉴定		5	120						5W	
		小计		52	1018							
必修课合计				95.5	1690							
选修课程		公共选修课程		4	54			2×9W	2×9W		2×9W	
选修课程		专业选修课程		4.5	78							
		小计		8.5	132							
课时、学分总计				104	1822		24+2	23+8	20+4		22+2	
实践学时占总学时的比例						67%						

说明：①表中 a+b 周中的 b 为整周的实践类课程的周数，a 为实际教学周数减 b 之后的周数。②2×5W 表示周学时×周数。

表 B-4 专业选修课程表

课程代码	课程名称	学期	总学时	学分	说明
0600001	C语言程序设计	2	26	1.5	熟悉C语言的基本开发要求，掌握C语言数据类型、结构化程序设计方法、数组及函数的使用，以及指针、结构体、文件等的使用
0600005	MES	5	26	1.5	熟练使用常用的 MES 系统
0500502	移动机器人技术	3	26	1.5	熟悉移动机器人的基本原理和基本机构

续表

课程代码	课程名称	学期	总学时	学分	说　明
0500500	EDA技术	3	26	1.5	使学生了解电路的搭接、虚拟仪器的使用以及一些高级电路分析方法
010067	市场营销与企业管理	4	26	1.5	知道市场营销和企业管理基本知识,能够对市场进行调研与分析,跟进客户,比较行情
0100024	企业安全生产教育	4	26	1.5	知道企业安全生产相关知识,了解企业文化
0500140	现代制造技术	5	26	1.5	知道现代制造技术的体系构成、工艺方法、管理理念、发展趋势等知识
	合　计		208	12	

八、教学基本条件

(一)教学环境和教学设施要求

1. 校内教学环境和教学设施要求

校内具备进行工业机器人技术理论教学、技能训练和实践教学的场地,如多媒体教室、一体化的技能训练室、实训中心等;还应具备学生进行自主学习的场地,并配以相应的设备,如公共教室、多媒体网络教室、图书馆、专业资料室等。

具有"校中厂"式生产性实训工厂,能够实施机电一体化项目设计、安装、调试的真实项目工作。实训场地要求有模拟自动生产线或实际自动生产线等设备及齐全的配套设施,能够满足理实一体教学需要。

2. 对校外实习实训基地及条件要求

依据《校外实训基地建设标准》《校外实训基地指导教师管理办法》《学生实训实习管理与考核办法》,选择本地区符合本专业要求并具有较大生产规模、行业影响广泛的优质企业进行合作。要求实训基地的性质、环境、技术水平、管理等,能满足学生顶岗实习的岗位要求,使学生半年以上顶岗实习率达到100%。

(二)专业教师任职资格

按照学院《专任教师准入标准》《专业教师任职资格标准(试行)》《兼职教师任职标准》《专业带头人、骨干教师标准》《专业带头人、骨干教师考核与调整办法》《专业带头人、骨干教师选拔与培养办法》《兼职教师教育教学能力培养办法》《专业教师"双师"素质的认定与管理办法》等制度,对专业教学团队进行指导和培养,选聘把关。

工业机器人技术专业教学团队配置双专业带头人;具有双师素质专业教师比例达到90%以上;兼职教师承担的专业课学时比例达到50%以上。对专业带头人、骨干教师、专任教师、兼职教师的具体要求如下。

1. 专业带头人要求

专业应配置双带头人,校外应聘请工业机器人行业企业资深专家作为专业带头人,校内选拔有影响力的高职称人员为专业带头人。校内外专业带头人应具有高级专业技术职务和相应职业资格,在工业机器人领域内有丰富的专业实践能力和经历,在行业内具有一定的知名度。具有敬业精神、创新能力、扎实的专业知识和较强的实践技能。掌握本专业科技发展动态,提出专业中长期发展思路及措施,主持本专业人才培养模式改革、专业课程体系的构建和专业核心课程开发。具有较强的组织科技服务和社会培训能力;具有带领专业教学团队的能力;具有主持教学、培训及实训基地建设项目能力。能够指导青年教师进行教学和社会服务。

2. 骨干教师要求

专业骨干教师应具有高级职称(或中级技术职务和硕士以上学位),具有中级以上的职业资格;具有较强的协作能力和组织协调能力;具有专兼职行业企业工作经历,且业绩突出;能够承担工作过程导向的课程开发,进行职业技能培养开发工作;能主讲主要课程或核心课程,教学质量优良;具有本专业课程建设与实训基地建设工作的能力,能编制专业人才培养方案等文件。

3. 专任教师要求

具有高校教师资格,中级以上职称,具有较丰富的专业实践经验。有两年以上企业经历及一定的企业技术服务能力,具有较强的实践动手能力、社会培训能力。业务能力强,取得工业机器人技术专业相应职业岗位资格证书,能参加工作过程导向的课程开发工作。

(三)教学资源开发利用

专业教学资源应与企业一起开发,并建设有利于学生学习的教学资源库。建设内容应以国家相关教育文件精神和职业技术教育理论为指导,借鉴国际经验和标准,开发出既能体现中国智能制造的时代特点,又具有现代高职教育理念的专业教学资源库。

专业教学资源库要反映专业及课程特点,支持课程教和学的过程,具有多样性、交互性。例如,案例库、专题讲座库、素材资源库、虚拟/仿真实验实训(实习)系统、试题库系统、在线自测/考试系统、学科专业知识检索系统,专业学习和交流工具及综合应用多媒体技术建设的网络课程等。资源要有反映专业教学理念、教学思想、教学设计、教学内容、教学方法、教学过程和教学评价的教学文件,包括课程标准、教学日历、课程项目实施指导书、教案或演示文稿、重点难点指导、作业系统、参考资料和课程教学录像等反映学习活动必需的资源,能够有力支撑培养目标的实现,资源要求系统、完整、科学。有利于自主学习、内容丰富、使用便捷、更新及时的数字化学习资源。要加强"微课""慕课""翻转课堂"等教学资源建设,以便于学生进行自主学习。

九、教学实施建议

(一)人才培养方案的调整

(1)在实施过程中,每年召开机电一体化专业建设委员会,对用人单位开展满意度调查,反馈用人单位对毕业生的职业道德、专业知识、操作技能、适应能力、敬业精神、协作能力、心理素质、学习能力、创新能力等指标的评价。根据评价结果进行分析,根据企业要求,对课程内容做适当强化、补充或删减。调整方案需经工业机器人技术专业试点工作小组论证,学院试点领导小组批准后实施。

(2)每年进行一次毕业生跟踪调查,调查毕业生的工作状况、工作岗位任职体会、对母校专业教学改进建议等,根据调查结果进行统计、分析,实时调整人才培养方案。

(3)实施第三方评价,与第三方教育数据咨询和评估机构麦可思公司合作,对企业和毕业生进行社会需求与培养质量跟踪评价。通过督查评价—反馈—改进,形成质量管理闭环,促进各项工作不断完善。

(二)与企业师傅的合作

任课教师需要保持与师傅的经常性接触。

(三)教学质量监控与评价

教学质量评价以高职院校人才培养工作评估、学院专业评价、精品课程评审、课堂教学质量评价、毕业生评价等为主要内容进行。校企合作共建教学督导体系。发挥院系两级督导作用,每学期开展学评教、教评学活动。发挥网络信息化平台的作用,一方面向学生开通教学评价系统,及时收集学生评价信息;另一方面,通过教务管理信息系统开通教师与学生沟通的绿色通道,提高信息收集和反馈的效率,以促进及时改进教学工作,促进质量提高。

××××职业技术学院
××××有限公司
2018 年 6 月

B.2　工业机器人技术专业教学标准(企业)

一、招工对象与学徒年限

招工对象:高中毕业生

学制:3~5 年

二、培养目标

培养拥护党的基本路线,适应机电行业生产、管理、服务第一线需要的,德、智、体、美、劳全面发展的,具有创新精神、实践能力和可持续发展能力,掌握必备的基础理论知识、专门知识、基本技能和专业技能,能对工业机器人、自动化生产线进行操作、安装、调试、维修,能对电气控制系统进行设计、安装、调试的高素质技术技能人才。

三、本企业职业范围

(一)本企业职业(群)

本企业职业(群)见表 B-5。

表 B-5 本企业职业（群）

职业岗位	岗位名称	岗位职责
初始职业岗位	工业机器人操作与编程	主要对工业机器人进行编程与示教操作
	工业机器人维护维修	主要对工业机器人本体进行日常维护、故障诊断和维护
	工业机器人机械本体拆装	主要对工业机器人系统机械本体拆卸和安装
	工业机器人电气系统安装与调试	主要对工业机器人电气系统安装与调试
	工业机器人集成系统安装与调试	负责依照图纸或相关技术文件的要求，独立或是协同完成工业机器人及工业机器人应用系统的安装和调试任务
发展职业岗位	工业机器人工作站的系统设计	主要针对客户的需要为客户设计相应工业机器人工作站
	工业机器人产品的营销和生产管理	主要对市场进行调研与分析，跟进客户，比较行情。协助管理本部门生产，制定降低库存方案等
	自动化生产线开发	主要为机械制造业设计自动化生产线，提高其工作效率

（二）本企业承认的职业资格证书

本企业承认的职业资格证书见表 B-6。

表 B-6 本企业承认的职业资格证书

序号	职业资格证书	等级	面向的职业岗位	颁发证书单位
1	电工	中级及以上	工业机器人运行、维护	中国人力资源和社会保障部
2	工业机器人装调维修工	中级及以上	工业机器人集成系统安装与调试员	机械工业职业技能鉴定指导中心
3	工业机器人操作调整工	中级及以上	工业机器人运行与维护员	机械工业职业技能鉴定指导中心
4	ABB 机器人基础应用能力认证	中级及以上	ABB 工业机器人的操作、编程、调试及维护	上海 ABB 工程有限公司

四、典型工作任务

典型工作任务见表 B-7。

表 B-7 典型工作任务

典型工作任务	任务描述
机器人搬运、码垛工作的操作与编程	(1) 能够独立完成对工业机器人搬运、码垛等工作的编程； (2) 能够使用示教器进行搬运、码垛操作
机器人压铸工作的操作与编程	(1) 能够用示教器对工业机器人完成压铸工作的编程； (2) 能够使用示教器进行压铸操作
机器人焊接工作的操作与编程	(1) 能够独立完成对工业机器人进行焊接离线编程； (2) 能够用示教器让工业机器人完成焊接工作
机器人装配工作的操作与编程	(1) 能够独立完成对工业机器人进行装配离线编程； (2) 能够用示教器让工业机器人完成装配工作

续表

典型工作任务	任 务 描 述
工业机器人的日常维护	(1) 能够通过眼观、耳听、手感、鼻闻等常规形式,鉴别检查机器人各轴零位是否准确,清理维护工业人设备; (2) 能够对设备的原理图进行分析并检测设备的功能特性
工业机器人的故障诊断及维修	(1) 能够诊断工业机器人设备机械和电气故障; (2) 能够排除工业机器人设备机械和电气故障
工业机器人机械本体的拆装	(1) 能够进行工业机器人系统包括工业机器人和相关自动化生产线机线机械本体的拆卸; (2) 能够进行工业机器人系统包括工业机器人和相关自动化生产线机线机械本体的安装
工业机器人电气系统的安装与调试	(1) 能够诊断工业机器人系统电气系统安装; (2) 能够进行工业机器人系统电气系统调试及故障排除
工业机器人集成系统的安装与调试	(1) 能够进行工业机器人安装; (2) 能够运用 PLC、工业网络、组态、电气控制技术等知识进行工业机器人系统的调试

五、学徒上岗前培训课程简介

(一)职业道德教育培训

职业道德教育培训见表 B-8。

表 B-8 职业道德教育培训

培训主题	职业道德教育
培训目的	能让学徒形成良好的职业道德,包括职业认识、职业感情、职业意志、职业信念、职业行为和习惯五个基本因素。在不断提高职业认识的基础上,逐步加深职业感情,磨炼职业意志,进而坚定职业信念,以养成良好的职业行为和习惯,达到具有高尚的职业道德的目标
培训目标	帮助学徒达到忠于职守的基本要求,在学徒形成相应的职业道德观念的同时,将忠于职守变成自己的信念、义务并具有荣誉感,形成较高的思想觉悟和精神境界,能正确地认识和处理个人与同事、个人与企业之间的利益关系,在自己的岗位上尽心尽力地工作,进而在物质文明建设中充分发挥自己的积极性和创造性
材料	职工职业道德教育素材
培训学时	4 课时
设备	笔、写字板、计算机、投影仪
过程和内容	(1) 道德; (2) 社会公德; (3) 职业道德; (4) 本职工作的责任、权限、义务; (5) 主动性; (6) 企业人员工作的基本守则; (7) 敬业负责; (8) 忠诚感恩; (9) 自信乐观

（二）产业发展教育培训

产业发展教育培训见表 B-9。

表 B-9 产业发展教育培训

培训主题	产业发展教育
培训目标	学徒初步了解工业自动化产业的发展规律、发展周期、影响因素、产业转移、资源配置、发展政策等问题，增加学徒对本产业行业发展现状及趋势的了解
培训目标	学徒基本了解工业自动化产业的发展规律、发展周期等；了解国内产业结构基本特征；了解产业行业发展现状及趋势
材料	工业自动化产业发展教育素材
培训学时	6 课时
设备	笔、写字板、计算机、投影仪
过程和内容	（1）工业自动化产业结构理论； （2）工业自动化产业发展的一般规律； （3）工业自动化产业政策； （4）国内外工业自动化产业发展及其启示； （5）国内工业自动化产业发展的现状、特点和优势

（三）厂规厂纪教育培训

厂规厂纪教育培训见表 B-10。

表 B-10 厂规厂纪教育培训

培训主题	厂规厂纪教育
培训目的	加强学徒的品质意识，提高学徒自身的素质，提高公司整体形象及员工的团队精神，使本企业的各项管理工作规范化、标准化、数据化，从而达到企业高品质、高效率、低成本、高服务、快发展的要求
培训目标	学徒熟悉本单位相关管理制度，具备企业员工基本素质
材料	厂规厂纪教育素材
培训学时	4 课时
设备	笔、写字板、计算机、投影仪
过程和内容	（1）厂规厂纪； （2）工作时间和加班工作政策； （3）工资和福利制度； （4）用工政策和人事招聘制度； （5）员工保障和福利制度

（四）安全生产教育培训

安全生产教育培训见表 B-11。

表 B-11 安全生产教育培训

培训主题	安全生产教育
培训目的	规范安全生产工作,提高学徒的安全素质,降低或避免生产性意外伤害事故的发生。安全培训合格后上岗的实现率达到100%
培训目标	使学徒熟悉企业生产安全知识等,具备必要的防范及自我救护能力
材料	安全生产教育材料
培训学时	6课时
设备	笔、写字板、计算机、投影仪
过程和内容	(1) 基本知识:安全生产的概念、方针,安全生产的法律法规依据,《安全生产管理办法》《安全管理员工作标准》《安全生产管理规定》《消防安全管理制度》等; (2) 专业知识:各项应急预案,对应特种作业人员专业知识、安全达标规范等专业知识和操作技能; (3) 学徒安全措施与违纪处理办法

(五)企业文化认知培训

企业文化认知培训见表 B-12。

表 B-12 企业文化认知培训

培训主题	企业参观学习
培训目的	通过参观企业,体验企业管理,感受企业氛围,领略企业文化
培训目标	使学徒熟悉本企业,激发爱厂热情
材料	唐山曹妃甸合心机器人系统集成有限公司厂区
培训学时	4课时

六、学徒培养过程安排

学徒培养过程安排见表 B-13。

表 B-13 学徒培养过程安排

合心集团学徒培训			教学时数		按学年及学期分配(周数)					
课程类别	负责部门	课程名称	总学时	实践学时	第一学年		第二学年		第三学年	
					1学期	2学期	3学期	4学期	5学期	6学期
					15+2 周	18+0 周	18+0 周	18+0 周	18+0 周	0+18 周
专业必修课程	企业	工业机器人搬运、码垛、压铸操作与编程的岗位技能培训*	180	180				30×6W		
	企业	工业机器人焊接、装配操作与编程的岗位技能培训*	180	180				30×6W		
	企业	工业机器人维护维修岗位技能培训*	180	180				30×6W		

续表

课程类别	合心集团学徒培训		教学时数		按学年及学期分配(周数)					
					第一学年		第二学年		第三学年	
	负责部门	课程名称	总学时	实践学时	1学期	2学期	3学期	4学期	5学期	6学期
					15+2周	18+0周	18+0周	18+0周	18+0周	0+18周
专业必修课程	企业	工业机器人系统机械本体拆装岗位技能培训*	120	120						20×6W
	企业	工业机器人系统电气系统安装与调试技能培训*	120	120						20×6W
	企业	工业机器人系统安装与调试岗位技能培训*	120	120						20×6W
	企业	毕业设计(论文、创作)及答辩	180	180						10×18W
		合　　计	1080	1080				30		26

本学徒培养过程安排与唐山工业职业技术学院自动化专业教学活动安排结合使用

说明：①表中a+b周中的b为整周的实践类课程的周数,a为实际教学周数减b之后的周数。②2×5W表示周时×周数。③标注*的为专业核心课程。

轮岗安排表见表B-14。

表B-14　轮岗安排表

时　段	岗　位					
	工业机器人搬运、码垛、压铸操作与编程	工业机器人焊接、装配操作与编程	工业机器人维护维修	工业机器人系统机械本体拆装	工业机器人系统电气系统安装与调试	工业机器人系统安装与调试
第四学期(1~6周)	1组	2组	3组			
第四学期(7~12周)	2组	3组	1组			
第四学期(13~18周)	3组	1组	2组			
第六学期(1~6周)				1组	2组	3组
第六学期(7~12周)				2组	3组	1组
第六学期(13~18周)				3组	1组	2组

七、考核及成绩评定

（1）考核方式。根据培养目标,将师傅评价、教师评价、企业生产部门评价相结合。

（2）考核内容。政治思想、工作作风、团结协作、劳动纪律、学习态度、业务能力等。

（3）成绩考核办法。

① 学徒在各部门轮岗实习结束后,完成项目学习小结。

② 以小组为单位,组长把关,学徒进行自我评价,占总分的15％。

③ 带队师傅和各部门负责人对学徒从工作态度、理论知识、技能水平等方面进行综合评价,分别按优秀、良好、合格和不合格四级评定成绩,占总分的60％和15％。

④ 学校指导老师对学徒从工作态度、理论知识、技能水平等方面进行综合评价,按优秀、良好、合格和不合格四级评定成绩,占总分的10%。

(4) 实习考核评价标准

优秀(90分以上):有良好的职业道德,遵守实习纪律,无旷工、迟到早退现象,理论联系实际,技术操作规范,熟练,工作态度好。

良好(80~89分):遵守实习纪律,请假不超过三天,工作认真踏实,无差错事故,理论联系实际,技术操作规范,熟练,工作态度好。

合格(60~79分):能够遵守实习纪律,无旷课现象,请假不超过1周,能理论联系实际,技术操作规范,工作中有小差错但已改正,工作态度尚好。

不合格(60分以下):未达到培养计划所规定的基本要求,不能遵守企业的纪律,有旷工现象,经常迟到早退或请假超过1周,技术操作欠规范,在工作中有明显差错或经常出现小差错。

八、学徒培养环境和设施要求

(1) 企业条件要求。要求各生产岗位的性质、环境、技术水平、管理等,能满足学徒的岗位要求,使学徒顶岗率达到100%。

(2) 对合作学校的教学环境和教学设施要求。合作学校应具备进行自动化专业理论教学、技能训练和实践教学的场地,如多媒体教室、一体化的技能训练室、实训中心等;还应具备学生进行自主学习的场地,并配以相应的设备,如公共教室、多媒体网络教室、图书馆、专业资料室等。

具有"校中厂"式生产性实训工厂,能够实施自动化机械设计和制作的真实项目工作。实训场地要求有自动化线体装配车间、机器人实训工作站车间、设计软件实训中心、一体化教室等,并要求配备齐全,能够满足理实一体教学需要。

九、带教师傅任职资格

具备中级及以上技术职称或具有独立承担自动化线体设计和机器人调试的经历,原则上应具有5年以上企业一线工作经历,能够解决生产过程中的技术问题。善于沟通和表达,具有一定的教学能力,能够承担教学任务。具有参与人才培养方案的制定、课程开发与建设、相关教学文件的编写的能力。

十、实施建议

(1) 学校应安排专业教师做导师,下到本企业和师傅共同指导学徒的岗位轮训,并协助本企业共同管理学徒的学习和生活。

(2) 应该制定学徒轮岗实践管理制度,让学徒完成各个岗位的工作过程。

(3) 学徒要参与职业资格考核,要求学徒在毕业前取得高级电工国家职业资格证书。

××××职业技术学院
××××有限公司
2018年6月

参考文献

[1] 杜怡萍,等.现代学徒制专业教学标准建设的实践探索[J].中国职业技术教育,2016(31):75-81.
[2] 杨敏,等.现代学徒制专业标准制定"源"与"度"的研究[J].中国职业技术教育,2018(11):5-9.
[3] 崔发周.现代学徒制何来企业"不参与"[N].中国教育报,2016-10-11.
[4] 关晶,石伟平.现代学徒制之"现代性"辨析[J].教育研究,2010(10):99-101.
[5] 董显辉.德国企业培训师资质标准及其对我国学徒制师傅队伍建设的启示[J].职教论坛,2016(27):87.
[6] 张弛,张磊.高职院校"双师型"教师队伍的概念辨析与建构策略[J].教育与职业,2013(9):22.
[7] 杨进.工业4.0对工作世界的影响和教育变革的呼唤[J].教育研究,2020(2):126-127.
[8] 蓝洁.职业教育治理体系与治理能力现代化的框架[J].中国职业技术教育,2014(7):9.
[9] 过磊.支架式教学在职业教育中的应用与思考[J].职业教育研究,2012(4):15-16.
[10] 欧阳河."帮学课程":迈向3.0的高职课程范式变革[J].当代教育论坛,2020(4):87-89.
[11] 中国职业技术教育学会.中国职业教育集团化办学发展报告(2017)[M].北京:语文出版社,2017.
[12] 姜大源.学科体系的解构与行动体系的重构——职业教育课程内容序化的教育学解读[J].中国职业技术教育,2006(7):14-16.
[13] 马廷奇.命运共同体:职业教育校企合作模式的新视界[J].清华大学教育研究,2020(5):120-122.
[14] 黄亚妮.高职教育校企合作模式的国际比较[J].高教探索,2004(4):70-72.

后 记

职业教育活动涉及的因素非常复杂,作为最具职业教育特征的现代学徒制,具有两个育人主体、两个教学主体、两个教学地点、两个教学标准,其复杂程度可想而知。探索中国特色的现代学徒制专业教学标准,既要冲破传统学校本位教学的路径依赖,又不能照搬发达国家已有模式,这对课题组无疑是一个巨大的挑战。在各级领导的大力支持和众多专家的热心鼓励下,本课题终于顺利完成。在此,衷心感谢教育部现代学徒制试点工作专家委员会和教育部职业技术教育中心研究所诸多专家的精心指导,衷心感谢唐山工业职业技术学院领导和教师们给予的大力帮助,衷心感谢现代学徒制试点专业老师们提供的一手资料。

现代学徒制专业教学标准开发是一项微观领域的教学活动,也正因为如此,既需要考虑宏观层面的原则要求,又需要考虑实施层面的现实条件。最令人困惑的一个问题,就是我国职业教育基本模式的选择:是正视校企合作面临的重重困难,探索中国特色的职教模式,还是知难而退,选择更加简单、更为"可行"的教育模式,答案显然是前者。职业教育的目的是服务经济社会发展,为产业数字化转型培养所需要的新一代技术技能人才,而不是为了教育而教育,单从教育内部的可行性选择教育模式是错误的。探索中国特色的职教模式,就必须在系统理念的指导下,冲破一个又一个难关。其中,开发具有中国特色的现代学徒制专业教学标准,是高质量发展阶段职业教育改革的一项关键任务。

本课题在课程内容的校企分工、合作企业选择标准、教师标准、教材标准和职业院校管理规范等方面进行了艰苦的探索,并取得了满意的效果。但是,一种新模式、一项新制度的建立,必然需要系统各种要素的协同和持续改进,目前仍有大量有待深入探索的问题。以下问题值得我国职业教育界同人继续探索:一是如何构建现代学徒制的协调机制,学徒和企业、职业院校和企业,都属于不同的行为主体,在利益上既有一致性又有不一致性,客观上需要一个公正有效的第三方协调机构,监督专业教学标准执行;二是现代学徒制企业培训比学校培养具有更高的成本,如何合理分担各种改革成本,防止企业在培训过程中"缺斤少两",或是将学徒作为廉价劳动力,是一个尚未妥善解决的重要问题;三是学徒制的推行需要按照标准建设一支高水平的企业培训师队伍(或称为兼职教师队伍),如何形成企业培训师的选拔、培养和使用制度,构成我国的企业培训师制度体系,还有大量的工作要做,尤其需要尽快建立起培训师的培训渠道(如建设一批培训师学院);四是对于大量缺乏培训能力的中小企业,如何在专业教学标准框架下,联合培养企业发展所需要的高素质技术技能人才,还需要进行深入探索;五是现代学徒制专业教学标准需要纳入法律框架之中,但目前的职业教育法中相关规定不够具体,影响着专业教学标准的实施效果。

在目前我国的职业教育研究中,主要存在着目标导向和问题导向两种不同范式。前者整体上偏向基础研究,强调国外已有成功经验和理论范式,或是将一种新理论引入研究过程,主要被普通高校和专门研究机构所采用;后者整体上属于应用研究,强调发展和改革的现实需要,以人才培养质量提升为基本导向,主要被职业院校人员所采用。两种范式的优势和劣势都很明显,前者研究过程较为规范,但难以转化为教学成果;后者实效性较强,但普适性较弱。获得全国科研成果奖的成果多数都采用了第一种范式,而获得国家教学成果奖的成果主要采用了第二种范式。显而易见,本项研究采用的是第二种范式,直到课题结题之时仍在不断地提出问题。作为一群职业院校的研究者,我们非常渴望参与到第一种范式的研究中,因为这样或许更能发挥基层人员的优势。在此,我们真诚地希望各位专家、各位读者对本书中的不当之处给予批评指正。

著　者

2023 年 5 月